산티아고 길의 소울메이트

산티아고 길의 소울메이트

2011년 11월 1일 교회 인가
2012년 4월 16일 초판 1쇄 펴냄
2017년 7월 21일 초판 4쇄 펴냄

지은이 · 유장근 사진 · 이윤순
펴낸이 · 염수정
펴낸곳 · 가톨릭출판사
편집 겸 인쇄인 · 홍성학
디자인 자문 · 이창우
편집 · 송향숙, 허유현
디자인 · 김지혜

본사 · 서울특별시 중구 중림로 27
지사 · 경기도 고양시 일산동구 노첨길 65
등록 · 1958. 1. 16. 제2-314호
전자우편 · edit@catholicbook.kr
전화 · 1544-1886(대) / (02)6365-1888(영업국)
지로번호 · 3000997

ISBN 978-89-321-1265-7 03810

값 15,000원

© 유장근, 2012

가톨릭출판사 인터넷 서점 http://www.catholicbook.kr
직영 매장: 명동대성당 (02)776-3601, 3602/ FAX (02)776-1019
        가톨릭회관 (02)777-2521/ FAX (02)6499-1906
        서초동성당 (02)313-1886
        서울성모병원 (02)2258-6439, (02)534-1886/ FAX (02)392-9252
        절두산순교성지 (02)3141-1886/ FAX (02)3141-1886
        미주지사 (323)734-3383/ FAX (323)734-3380

가톨릭의 모든 도서와 성물을 '가톨릭출판사 인터넷 서점'에서 만나 보실 수 있습니다.

이 도서의 국립중앙도서관 출판예정도서목록(CIP)은 서지정보유통지원시스템 홈페이지(http://seoji.nl.go.kr)와 국가자료공동목록시스템(http://www.nl.go.kr/kolisnet)에서 이용하실 수 있습니다.
(CIP제어번호: CIP2012001241)

이 책은 저작권법에 의해 보호를 받는 저작물이므로 무단 전재와 무단 복제를 금합니다.

산티아고 길의
소울메이트

유장근 글 | 이윤순 사진

가톨릭출판사

추천의 말

신앙 성숙을 바라는 이들의 길잡이가 될 책

저는 몇몇 사람들로부터 야고보 성인을 기리며 먼 길을 걷는 산티아고 순례에 대해 들어 본 적이 있습니다. 그러나 그 순례를 다녀온 사람의 얘기를 직접 들어 보지는 못했습니다. 그만큼 이 순례가 만만치 않으니까요. 그런데 이번에 우리 본당 교우인 유장근 젤마노 형제께서 그것도 부부가 함께 그 어려운 산티아고 순례를 성공적으로 마쳤다니 정말 반갑고 기쁩니다. 게다가 이렇게 책까지 내시니 두 분은 분명 하느님의 은총 속에 성지 순례를 다녀왔다고 생각됩니다.

이 부부가 스페인 북쪽 산티아고 순례길을 걷는 동안 마침 저도 파티마와 스페인 남쪽인 세비야, 그라나다, 바르셀로나를 돌며 성지 순례를 했습니다. 곳곳이 성지인 스페인은 순례하기 좋은 곳입니다. 그런데 이 부부는 제가 한 순례보다 훨씬 강도 높은 순례를 한 것 같아 하느님을 향한 두 분 기도의 절절함이 저절로 느껴집니다.

 이 책은 부부가 함께한 순례기입니다. 특히 하느님의 사랑 속에서 부부 사랑을 키워 가 진정한 소울메이트가 되어 가는 법을 잘 보여 줍니다. 이 부부 중 형제님은 세례를 받은 지 1년도 되지 않아서 이 순례에 도전했습니다. 그러므로 형제님이 순례를 하면서 어떻게 신앙을 성숙시켜 가는지 함께 지켜보며 공감하게 됩니다. 그래서 신앙을 성숙시키는 방법을 찾는 모든 분들에게도 이 책이 좋은 길잡이가 될 수 있을 것입니다.

 이번 순례는 이 부부에게 큰 깨우침을 주었고 두 분의 생활에도 많은 변화를 주었습니다. 이 순례 후 부부가 같이 봉사 활동에 참여하게 되었고, 특히 형제님은 이 순례에서의 깨달음을 통해 남에게 나눔을 실천하는 것이야말로 진정 가치 있는 삶이라는 의미를 찾게 되었습니다. 순례의 의미를 되새기며 하느님 사랑, 이웃 사랑, 부부 사랑을 함께 키우는 데 한몫하게 할 이 책의 일독을 권합니다.

방배4동 성당 주임
나원균 바오로 몬시뇰

추천의 말

사랑하는 사람이 곁에 있어
행복한 길

몇 년 전부터 산티아고 붐이 일고 있습니다. 보통은 이 길을 혼자 걷는다고 하는데, 부부가, 그것도 중년 부부가 함께 걸었다니, 대단하다는 생각이 듭니다.

아무리 친한 사이라도 여행을 가면 다투게 된다고 하는데, 이들 부부도 순례 전에, 또 순례를 하는 중에 주변 사람들로부터 걱정의 말을 많이 들었나 봅니다. 하지만 이들 부부에게 이번 산티아고 순례는 서로의 사랑을 더욱 확고히 하고, 진정한 소울메이트가 되는 아주 소중한 기회가 되었던 것 같습니다.

무거운 짐을 들고 걸어가는 모습이 안쓰러워 서로의 배낭에서 짐을 빼내 자신의 배낭에 넣으려고 하는 이들 부부의 모습이 참 아름답게 느껴집니다. 팔짱을 끼거나 자신의 무릎을 베고 눕는 아내의 모습에 사랑스러움을 느끼는 남편, 그런 남편이 발가락에 생긴 물집 때문에 걷기 힘들어 하는 모습을 보며 안쓰러워하는 아내, 이들 부부의 모습을 보며 인생의 길을 함께 걸어가는 동행자의 모습이 참 아름답다는 생각을 해 봅니다.

한처음에 서로에게 거들짝을 만들어 주시고 "보시니 좋았다."라고 말씀하신 하느님. 이 말씀처럼 이들 부부의 모습이 하느님이 보시기에 참 보기 좋지 않을까 싶습니다.

산티아고 길이 결코 쉽지 않고 힘든 길이라지만, 이들 부부에게는 이 길이 하느님이 함께하시어 편안하고, 같이 걸어가는 이웃이 있어 마음 따뜻하고, 사랑하는 사람이 곁에 있어 행복한 길이었을 것입니다.

젊은 부부부터 중년 부부까지 많은 부부가 산티아고 길에서 하느님과 이웃, 서로의 사랑을 굳건히 나신 이들 부부의 사랑을 닮게 되길 바랍니다. 그리하여 이 세상을 살아가는 많은 부부가 서로에게 진정한 소울메이트가 되기를 바랍니다.

유안진 클라라 시인

차례

추천의 말 · 4

part 1
카미노 알기

'카미노'란 뭘까? · 14

part 2
카미노 준비하기

8백 킬로미터를 걸어? 미쳤어? · 20
훈련이 중요하다! · 25
카미노에서 '사랑' 배우기 · 33
스페인어 한마디 · 36

part 3 카미노 걷기

이제 우리는 순례자다! · 42

의욕의 길

부엔 카미노! · 52
송충이는 아름답다 · 60
첫 번째 실수 · 68
고생 뒤에 만난 평화 · 78
진리란 과연 무엇인가? · 85
자신만의 속도로! · 96
발가락 수난 시대 · 101

소울메이트의 길

애처로워하는 아내의 눈빛 · 111
진리와 신앙을 이야기하다 · 118
네 잎 클로버 여인 · 130
치밀한 독일인 부부 · 137
부르고스, 반가워! · 144
고통도 카미노의 일부! · 150
노새 죽이는 내리막길 · 156
아내는 예전부터, 나는 지금에야! · 162

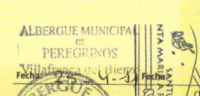

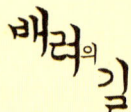

배려의 길

로마네스크 양식의 산 마르틴 성당 · 171
이게 메세타구나! · 179
순례자 옷을 입은 성모님 · 187
배려하는 마음 · 194
레온으로! · 204
잠시 카미노를 벗어나서 · 211
특이한 성주간 행렬 · 215
성금요일의 빗길 걷기 · 222
하느님의 이끄심을 느끼다 · 229

도전의 길

기도문을 묻다 · 240
부부 사랑, 그 소중함에 대하여 · 247
함께하시는 하느님 · 255
그리스도인이 된다는 것 · 261
갈리시아 지방 · 271
안개 속을 걸으며 · 277
독특한 모습의 예수님과 성모님 · 285

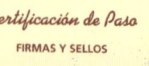

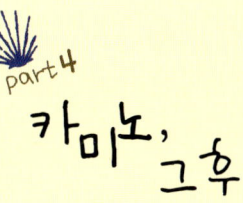
감사하는 마음으로 · 293
드디어 산티아고로! · 298

땅끝 마을 피니스테레 · 307

part 4
카미노, 그 후

다시 삶을 살며 · 312
아내 이윤순 씨의 카미노 · 318

부록

카미노는 어떻게 하는 걸까? · 326
주요 카미노 루트 · 339
나눠서 걷는 카미노 · 344

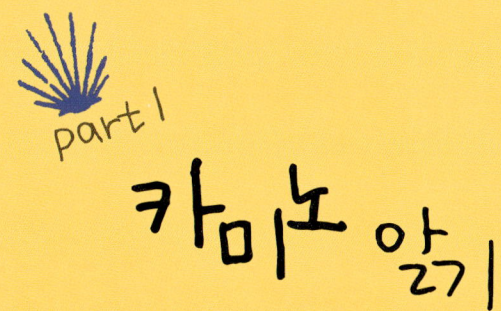

part 1
카미노 알기

'카미노'란 뭘까?

'카미노Camino'라는 말은 스페인어로 큰길을 의미하는 보통명사다. 한편 이 말에는 특별한 의미도 담겨 있다. 즉 스페인이나 프랑스 등 유럽의 여러 곳에서 출발하여 스페인 북서쪽에 위치한 '산티아고 데 콤포스텔라Santiago de Compostela'라는 도시를 목적지로, 걷거나 자전거를 타거나 말을 타고 순례하는 길 또는 그 순례 자체를 의미하기도 하기 때문이다.

'산티아고 데 콤포스텔라'가 순례의 목적지가 된 것은 그곳에 그 도시 이름과 같은, 예수님의 열두 제자 중의 한 명인 야고보 성인(스페인어로 Sant Iago)이 묻혀 있다고 믿기 때문이다.

전설에 의하면, 야고보 성인은 예수님께서 십자가에 못 박

산티아고 대성당의 야고보 성인상.

히신 후 스페인 북서쪽에 있는 파드론Padrón이라는 곳에 가서 7년간 선교 활동을 했다고 한다. 그 후 야고보 성인은 다시 예루살렘으로 돌아갔으나 곧바로 44년에 헤로데 아그리파 1세에게 참수를 당했다. 이는 열두 사도 중 첫 순교였다.

야고보 성인의 제자인 테오도로와 아타나시우스는 성인의 유해를 돌배에 싣고 천사의 안내에 따라 과거 성인이 선교 활동을 하던 파드론으로 가서 바위 위에 유해를 안치하였다. 하지만 이교도인 그 지역 주민의 반대에 부딪혔고, 성인의 유해는 당시 그 지역의 여왕인 루파이 명에 따라 다시 옮겨져 갔이

온 제자 둘과 함께 다른 곳에 묻혔다고 한다. 그 후 이 사실은 오랫동안 잊혀졌다.

그러다가 9세기 초가 되어서야 수도자 펠라지오가 별빛에 이끌려 성인의 무덤을 발견하게 되었고, 이 사실을 알게 된 알폰소 2세가 그곳에 성인의 유해를 모실 성당을 건설하였다. 그곳이 지금의 '산티아고 데 콤포스텔라' 즉 '야고보 성인Sant Iago'이 있는 '별들stela'의 '들판compo'이 되었다고 한다. 마침 이 시기는 스페인에서 그리스도인들이 무어인들을 물리치는 전투를 시작하는 때였는데, 결정적인 때마다 성인이 나타나 전세를 역전시키곤 했다고 해서 성인은 '무어인 처단자Santiago Matamoros'라는 별칭까지 얻으며 스페인의 수호성인이 되었다.

그 후 11세기에는 산초 3세, 산초 라미레스와 알폰소 6세 및 그 후계자들이 순례길을 구축 정비했으며 순례자들에게는 특별히 통행세를 면제하는 등의 혜택도 부여했다. 그러면서 자연스레 순례자가 점차 늘어나게 되었다.

1189년에는 교황 알렉산데르 3세가 성인의 축일인 7월 25일과 주일이 겹치는 해를 야고보 성년으로 정해, 그해에 이곳을 순례하면 평생 지은 죄를 감면받을 수 있다는 대사大赦를 선포

하였다. 아울러 주요 순례지인 예루살렘이 무슬림에 정복됨에 따라 순례가 어려워지게 되자 비교적 안전한 이곳으로 순례가 몰리면서 순례자의 수가 급격히 늘어났다. 그렇게 카미노는 예루살렘, 로마와 함께 가톨릭 3대 순례길의 하나가 되었다.

또한 카미노는 1993년에 세계 문화유산으로까지 지정되었으며, 2004년에는 유럽 의회에 의해 '주요 유럽 문화 순례지'로 선포되기도 했다.

part 2
카미노 준비하기

8백 킬로미터를 걸어? 미쳤어?

　직장을 그만두게 되었다. 30년간 잘 다니던 직장이었다. 언젠가는 그만두게 되리라 예상하고 있었지만, 막상 닥치니 기분도 씁쓸하고 마음도 허탈하고 앞날도 걱정되었다. 나도 이런데 가족은 어떨까? 아내에게 얘기해야 하는데 어떻게 받아들일지 걱정이 앞섰다. 그래도 말하지 않을 수는 없었다.
　"나 직장 그만두게 됐다."
　"그래요? 그럼 이제 세례 받으세요."
　그게 다였다. 다른 말은 없었다. 그것이 얼마나 고마웠는지 모른다. '당신이 세례만 받으면 다른 것은 그것이 무엇이든지 다 받아들일 수 있다'는 뜻으로 이해되었다. 나는 곧바로 대답했다.

"알았어. 세례 받을게."

아내는 오래전부터 가톨릭 신자였고 나는 아니었다. 그게 불만이었던 아내는 평상시에도 종종 내게 세례 얘기를 하곤 했다. 하지만 나는 바쁘다는 핑계로 그 말을 피해 왔다. 사실은 귀찮다는 생각이 앞섰다. 그렇다고 내가 세례를 받을 생각이 전혀 없었던 것은 아니었다. 그런데 그 말을 하필 왜 지금, 내가 가장 약한 시점에 하는가? 내가 졌다. 그래도 마음은 편안했다.

그렇게 직장 없이 보내는 백수 생활과 신앙생활은 동시에 시작되었다. 그래서 책도 보고 등산도 하고 가끔은 골프도 치면서, 세례를 받기 위해 성당에 다니기 시작했다. 그 후 6개월간의 교리 공부 끝에 드디어 2010년 7월에 세례를 받았다.

아무리 계획을 세워 뜻있게 보내려고 노력한다고 해도 백수 생활은 한가롭다. 때로는 무료하다. 그러다 보니 나는 뒤늦게 찾은 신앙생활에 집중하게 되었다. 새벽 미사에 빠지지 않으려고 노력했고, 성경 공부도 열심히 했다. 그러면서 신앙의 의미에 대해서 점점 깊이 생각하게 되었다. 특히 '신앙을 갖고 있는 사람과 갖지 않은 사람의 생활은 무엇이 다른가? 아니, 무엇이 달라야 하는가?'라는 의문이 들게 되었다. 그래서 나름대로는 신앙 관련 책도 보고, 깊이 생각도 해 보며 그 답을 찾으려고 노력했지만 명쾌한 답을 찾을 수 없었다. 왜냐하면 신앙이 없었던 과거의 나와 신앙이 있는 지금의 내가 본질적으로 어떻게 다른지 그 차이를 전혀 구분할 수 없었기 때문이다. '생활에 변화를 줄 수 없다면 신앙이나 믿음이라는 것이 의미가 있기는 한 것인가?'라는 회의까지 들었다.

그러던 중, 그해 초가을 어느 날이었다. 아내가 뜬금없이 얘기했다.

"우리 산티아고에 가요."

"산티아고? 그게 뭔데?"

"TV에서 봤는데, 스페인 '산티아고 데 콤포스텔라'까지 8백 킬로미터를 걸어서 가는 거래요. 너무 좋겠더라."

"뭐? 8백 킬로미터를 걸어? 미쳤어?"

아내는 워낙 여행을 좋아한다. 그래서 내가 직장 생활을 할 때는 다른 사람들과 팀을 짜서 국내외 여러 곳으로 성지 순례를 다니곤 했다. 아내는 자기가 본래 가지고 있는 그런 여행벽에 더하여 백수 생활을 하는 내 모습에도 어떤 변화가 필요하리라는 생각이 들어서, 이번에는 부부가 정말 제대로 된 여행을 한번 해 보려는 구상을 하고 있었던 게 아닌가 싶다. 그러나 그때 나는 아내의 그런 의도를 읽지 못했다. 너무 무모한 계획이라 단정 지으며 아내의 제안을 거절했다. 그렇게 그 계획은 묻혔다.

그러다가 12월 초에 나는 피정에 참가할 기회를 얻었다. 거기서 피정을 주관하신 신부님이 던진 화두가 나로 하여금 '나'를 생각하게 만들었다. 그 화두는 '나는 누구인가? 나는 어디에서 왔는가? 나는 왜 있는가?'였다.

이틀간의 피정 동안 정말 오랜만에 '나'라는 존재를 생각하는 시간을 갖게 되었다. 그러나 내 존재의 원천부터 의미까지를 생각하면 할수록 점점 더 혼란스러워졌다. 신앙인으로서 그 답은 하느님이라는 것을 머리로는 알고 있었지만, 솔직히 그 답이 가슴으로 받아들여지지는 않았기 때문이다.

그렇게, 내가 세례 받은 후부터 갖고 있던 신앙생활에 대한 회의와, 피정에서 접한 신앙인으로서의 '나'라는 화두가 겹치면서, 지금 내게는 어떤 돌파구가 필요하다는 인식을 하게 되었고, 그러기 위해서는 새로운 의미의 시간이 필요할 거라는 생각이 들었다. 그러면서 불현듯 언젠가 아내가 제안했던 산티아고 순례가 떠올랐다. 그래서 피정을 마치고 집에 돌아와서 아내에게 얘기했다.

"우리 산티아고에 가자!"

우리 부부는 이렇게 산티아고 순례길 즉 카미노를 가기로 결정했다.

훈련이 중요하다!

산티아고 순례를 하기로 결정하고 나서 관련 자료를 모으기 시작했다. 사람들은 30일 내외에 800km를 걸었다고 했다. 그래서 우리는 좀 더 여유를 두고 대략 40일 정도를 걷자고 결정했다. 800km를 40일에 걸으려면 하루 평균 20km는 걸어야 한다는 계산이 나온다. 그런데 도대체 하루에 20km를 걷는다는 것이 어떤 건지 전혀 감을 잡을 수가 없었다. 그것도 약 10kg이나 되는 배낭을 메고 가야 하는데 말이다. 그래서 여기저기 인터넷을 뒤져 보고, 또 아들이 다니는 학교 도서관에서 관련 서적을 가능한 한 모두 빌려서 먼저 다녀온 사람들의 경험담을 읽었다.

그러고 나서야, 이 길은 누구로부터 도움을 받을 수 없고 가이드북에 따라 우리가 알아서 가야 하는 길이라는 것을 알게 되었다. 게다가 그냥 보통의 여행과는 비교할 수 없을 정도로 육체적으로 힘들 뿐만 아니라, 숙소를 미리 예약하는 시스템이 없기 때문에 정확히 계획을 짜서 갈 수도 없고 현지에서 닥치는 상황에 따라 그때그때 대응해야 하는 아주 어려운 길이라는 것을 알게 되었다. 결국 철저히 준비하지 않으면 안 된다는 것을 알았다. 그래서 우리는 그 준비에 들어갔다.

제일 먼저, 우리 몸이 그런 어려움을 견딜 수 있으리라고 생각되지 않아 몸 만들기를 위한 동계 훈련에 들어갔다. 나는 훈련을 시작할 때부터 '우리는 이미 카미노를 시작해서 가고 있다'는 것과, '훈련은 실전처럼 해야 한다'는 점을 아내에게 강조했다. 매일 실내 러닝머신에서 최소한 10km를 걸었고, 최소한 1주일에 한 번은 배낭을 메고 야외에서 20km 이상을 걸었다.

1월 한겨울부터는 야외 훈련을 시작했다. 겨울 산과 요즘 한창 인기를 끌고 있는 여러 둘레길을 다니며 훈련하기 좋은 코스를 발굴하려고 노력했다. 순례길을 가는 것은 한 번에 높은 산을 오르는 등산과는 다르다. 오히려 평탄한 길을 오랫동안 꾸준히 걸어가는 것에 더 가깝다. 따라서 순례에 걸맞게 적당히 난이도도 있으면서 걷는 재미도 있는 구간을 찾으려고 한 것이다.

그 결과 우리는 북한산 둘레길 중 2구간에서 5구간까지를 거치는 길 약 9km를 왕복하는 것을 가장 적합한 훈련 코스라고 보았다. 그러고는 야외 훈련을 할 때 그 코스를 집중적으로 다녔다.

순례 전 주로 훈련하던 북한산 둘레길에서.

어떤 날은 한강변길 30km까지도 걸어 보면서, 우리 몸이 견딜 수 있는 수준이 어느 정도인지를 파악해 보려고도 했다. 우리는 이런 훈련을 통해 우리가 하루 평균 걸어야 할 거리로 생각한 20km는 무난히 견딜 수 있겠다고 판단했다.

그렇게 걷기 훈련한 결과를 나중에 종합해 보니, 훈련 기간 동안에 우리가 걸은 길이 500km는 족히 되었고 그중에 야외에서 배낭을 메고 걸은 길이만도 200km는 되었다. 그 정도 훈련을 하고 나니, 걷는 것에 자신감이 생겼다. 특히 이내는 훈련을 통해서 배낭을 메고 가야 하는 것에 대한 부담이나 두려움을 이길 수 있었다고 했다.

우리는 그런 자신감이 카미노를 성공적으로 마칠 수 있을 거라는 자신감으로까지 승화되는 것을 느꼈다.

한편 이런 걷기 훈련을 통해 휴식은 필수라는 것을 알았다. 힘이 남는다거나 컨디션이 좋다고 쉬지 않고 가면 나중에 몸에 무리가 왔다. 우리는 2시간 걷고 30분 쉬는 것을 원칙으로 하고 가능하면 지키려 했다. 막상 현지에서 그 원칙을 적용하기는 어려웠지만, 그래도 휴식은 충분히 하려고 노력했다. 또 훈련을 하면서, 자연스럽게 시간당 걸을 수 있는 거리 측정에 대한 감각도 얻을 수 있었다.

체력 훈련과 병행해서 필요한 장비들을 준비했고 그 사용법을 익혔다. 가장 중요한 장비는 배낭, 신발 그리고 스틱이다. 우리는 배낭을 살 때 몸에 맞으면서도 가벼운 것을 고르기 위해 크기별로 여러 회사의 제품을 메 보았다. 아내는 45ℓ의 외부 프레임 배낭, 나는 55ℓ의 내부 프레임 배낭을 샀다. 그런데 훈련을 할 때 내 배낭은 문제가 없었는데 아내 배낭의 프레임 아래쪽이 엉덩이 윗부분과 접촉되면서 접촉 부위 피부가 벌겋게 되었고, 아내는 통증까지 호소했다.

결국 아내 배낭도 내부 프레임으로 교환했고 그때부터 배낭은 문제가 없었다.

배낭을 메는 방법도 터득했다. 처음에 우리는, 배낭은 당연히 어깨에 메는 것이라고 생각했다. 그러나 훈련을 하면서, 어깨에 메면 잠시는 견딜 수 있어도 오래는 도저히 견디지 못한다는 것을 알았다. 어깨가 아니라 허리 밴드를 활용해 골반 뼈로 받칠 때, 어깨에는 부담을 주지 않으면서도 가장 효과적으로 착용할 수 있다는 것을 알게 되었다. 그래야만 배낭을 오래 메더라도 견딜 수 있는 것이었다. 실제로 우리는 카미노 내내 어깨로는 배낭 무게를 전혀 느끼지 않았다.

신발은 물집이 생기지 않게 해야 하는 가장 중요한 장비라고 알고 있었다. 그래서 우리는 신발을 별도로 구입하지 않고 평상시 사용하던 등산화를 신기로 했다. 그렇게 하는 게 발을 조금이라도 더 편하게 할 수 있으리라고 생각했기 때문이다. 훈련 중에는 아내만 약간 물집 징후가 보이는 정도였고 나는 아무리 오래 걸어도 물집이 생기지 않았다. 그래서 우리는 신발이 대체로 우리에게 잘 맞아서 그런 것이라고 판단했다. 그러나 정작 카미노에서는 배낭을 메고 일주일 정도를 연속해서 걷자 내 발가락에 물집이 생겨 심하게 고생했다. 그리고 나서야

자기 발보다 조금 큰 신발을 신는 게 좋다는 것을 알게 됐다.

아내를 통해 스틱도 중요한 장비라는 것을 알게 됐다. 아내는 트래킹을 할 때 스틱이 중요하다는 것을 TV 방송에서 본 적이 있다고 했다. 스틱 사용법도 들었다며 내게 알려 줬다. 나는 그 설명을 들으며 내 나름대로의 스틱 사용 방법을 터득해 나갔다. 스틱이 보조 다리의 역할, 그중에서도 뒷다리의 역할을 하게 함으로써 배낭을 짊어진 몸무게를 두 다리가 아니라 네 다리로 지탱하는 효과를 보도록 해야 한다. 즉 양손의 스틱으로 번갈아 가며 땅을 짚을 때 발 뒤쪽을 짚어서 팔 힘으로 뒤에서 밀어줌으로써 뒷다리 역할을 하도록 해야 하는 것이다. 단, 내리막길에서는 스틱이 앞다리의 역할을 해야 한다. 즉 스틱으로 발 앞을 짚으면서 팔 힘으로 버터 몸이 앞으로 쏠리는 무게를 분산하여 무릎에 가는 부담을 덜어 주어야 하는 것이다. 훈련을 하면서 우리는 스틱이 무게를 분산시키는 데 아주 중요한 역할을 한다는 것을 몸으로 체험했다.

그 외 장비로 침낭과 우의를 준비했다. 기능이 좋은 것보다는 무게가 가벼운 것을 선택했다. 또한 태양 빛을 가리기 위해 챙이 넓은 모자를 구입했고, 스틱을 쓰는 손바닥에 물집이 생기지 않으면서 손등에는 햇빛을 차단하기 위해 평상시 쓰던 얇은 장갑도 챙겼다. 어두운 길을 가거나 밤에 활동할 때 필요할 것 같은 헤드 랜턴과 손전등도 구입했다. 길을 걷지 않고 휴식할 때 사용할 편한 신발도 별도로 준비했다.

그 외에 의약품으로 일회용 반창고, 소화제, 지사제, 변비약, 종합 감기약, 소염 진통제, 근육 마사지 크림, 선크림, 입술 연고, 피부 연고를 챙겼다. 일상 용품 중에서는 낱장으로 분리해서 쓸 수 있는 세탁용 세제를 준비했다. 이것은 현지에서 아내가 아주 유용하게 썼다. 비상식량으로는 견과류와 육포를 준비했다. 이것들은 오래 가지고 다녀도 변질이 되지 않는 장점이 있다.

혼자 스페인어를 공부한답시고 인터넷 강의용 회화책도 구입했다. 그러나 열심히 공부하지는 않았다. 영어로 의사소통하는 데는 무리가 없었기 때문이다. 스페인도 유럽 연합 국가니까 영어로도 의사소통이 가능하리라고 여겼다. 그러나 카미노를 가는 중에 만난 스페인 현지 사람들은 거의 영어를 못했다. 그렇더라도 약간 불편한 정도였지, 생활에 큰 지장을 줄 정도는 아니었다. 현지인과 의사소통하려면 스페인어 회화를 공부하기보다는 필요한 단어를 더 많이 알아 가는 것이 훨씬 효과적이라는 것을 현지에 가서야 알았다. 어차피 상황에 맞

가족들의 소망을 담은 돌멩이와 사람들에게서 받은 기도문.
돌멩이는 훈련 중에 관악산이나 한강변 등에서 주운 것이다.

게 회화 문장을 제대로 구사할 수 없다면, 단어만 얘기하고 몸짓 언어를 쓰는 것이 훨씬 쉽기 때문이다. 카미노를 걷는 다른 사람들과의 의사소통을 위해서는 스페인어보다 오히려 영어가 더 필요했다.

이런 것들 이외에도 우리가 특별히 준비한 것이 있다. 아내는 아내대로 나는 나대로, 카미노 중에 우리를 통해 기도드릴 사람들로부터 기도문을 적은 작은 종이 쪽지들을 받은 것이다. 대부분은 아내가 받았는데, 총 80여 명의 기도문이 모였다. 우리는 카미노 중에 만난 철 십자가 밑에 그 기도문들을 묻으며 기도했다.

카미노에서 '사랑' 배우기

'카미노는 오랜 시간을 걷는 것이다. 그런데 도대체 걷는다는 것은 무엇일까? 왜 걸을까?'

우리 부부는 걷는 훈련을 하면서부터 걷는다는 것의 의미를 찾으려고 했다. 걷는 것은 지극히 단순 반복적인 육체의 움직임이다. 우리는 그 단순한 육체의 움직임 속에, 아무런 방해 없이 혼자 생각할 여유가 있다는 사실을 발견했다. 걷는 훈련을 하면서 나는 신앙의 의미에 대해 다시 생각해 보거나, 내가 처한 지금의 상황에서 나를 되돌아보는 시간을 가졌다. 아내도 아내 나름대로 그런 시간을 가졌을 것이다.

그래서 우리는 카미노를 걷는 동안 무언가 생각해 볼 주제를 정해야겠다고 생각했다. 그러고는 그것을 '하느님 사랑'과 '이웃 사랑' 그리고 '부부 사랑'으로 결정했다.

하느님 사랑과 이웃 사랑을 선정한 이유는, 그 주제들이 곧 가톨릭 교리의 핵심 주제들이라고 생각했기 때문이다. 신앙인으로서 단순한 여행이 아닌 '순례'의 의미가 중심인 카미노에 참여하면서, 신앙의 핵심을 주제로 선정하는 것은 당연하다고 생각했다. 게다가 스페인은 오래전부터 가톨릭이 국교인 나라이니, 그런 곳을 걸으며 보고 듣는 것이 우리 신앙의 깊이를 더할 수 있는 좋은 기회가 될 거라고 생각했다.

또 카미노 중에는 지구촌 곳곳에서 온 사람들을 만날 수 있다. 그 사람들과 이웃이 되어 그들의 생각과 생활을 공유하면서 그들을 사랑하는 방법을 배울 수 있겠다는 생각이 들었다. 그러면서 이웃 사랑을 배울 수 있는 기회가 되리라 판단했다.

가톨릭 교리 외에 생각할 주제로 부부 사랑을 특별히 추가했다. 이번 여행은 우리 부부가 그동안 생활한 것과는 판이하게 다른 생활을 경험하게 해 줄 것이라 생각했다. 하루 24시간, 한 달 이상을 떨어지지 않고 같이 지내는 것이니 말이다.

사실 우리는 지금까지 그래 본 적이 없다. 내가 백수 생활을 하며 집에 있다고 해도, 대부분 각자의 일정에 따라 외출하다 보니 같이하는 시간이 하루 종일일 수는 없었다. 이런 새로운 생활의 도전인 '부부 사랑'이라는 주제를, 우리 부부 사이를 더 가깝게 하기 위한 의도로 선정했다. 그러나 사실 한편으로는 다른 사람들로부터 부부 관계가 오히려 나빠질 수도 있으니 주의하라는 충고를 여러 번 들었던 터라, 카미노 중에 서로 조심하자고 다짐하는 의도이기도 했다.

　이렇게 우리는 이번 카미노를 통해 이 세 가지 주제의 사랑의 의미가 무엇이고, 어떻게 생활하는 것이 그 사랑을 실천하는 것인가를 정리해 보리라고 다짐했다.

스페인어 한마디

인사말

올라 Hola!	안녕!(가벼운 인사)
부엔 카미노 Buen camino!	카미노를 하는 사람들을 격려하는 인사말
부에노스 디아스 Buenos dias!	아침 인사
부에나스 타르데스 Buenas tardes!	낮 인사
그라시아스 Gracias!	감사합니다!
페르돈 Perdon!	실례합니다!

음식

보카디요 bocadillo	바게트 빵 가운데에 야채나 햄을 넣고 먹는 간단한 음식.
토르티야 tortilla	오믈렛 요리
엔살라다 ensalada	가벼운 야채 요리
판 pan	빵
하몬 jamon	숙성시킨 돼지 뒷다리 살을 얇게 썬 음식
아구아 agua	물
비노 vino	포도주
카페 콘 레체 cafe con leche	우유를 탄 커피
신 가스 sin gas	탄산 없는 물
플라토 콤비나토 plato combinato	한 접시에 야채와 감자와 고기를 같이 놓고 먹는 음식
쿠안토 에스 Cuanto es?	얼마예요?

성당

카테드랄 catedral   주교좌성당

바실리카 basilica   대성당

이글레시아 iglesia   규모가 작은 성당

미사스 misas   미사

세마나 산타 semana santa   성주간

기타

코레아노 coreano   한국 사람

잉글레스 ingles   영어

카예 calle   마을의 골목길(모든 길에는 명칭이 있으며 마을 안내 지도도 calle 중심으로 표시되어 있음.)

화르마시아farmacia	약국('화머시아'라고 영어식으로 발음하면 알아듣지 못함.)
투리스모turismo	관광객
우노uno, **도스**dos, **신코**cinco	하나, 둘, 다섯(5유로 낼 때 많이 씀.)

part 3
카미노 걷기

이제 우리는 순례자다!

3월 29일(화)~3월 30일(수)

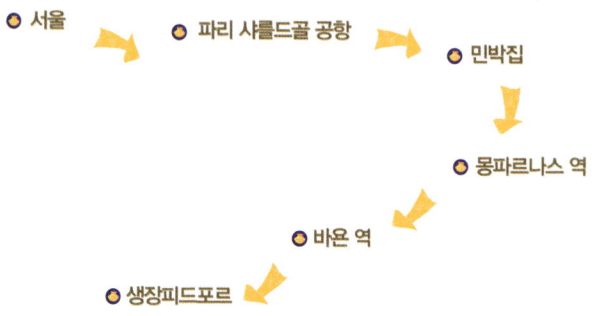

카미노 시작 이틀 전.

설레는 마음을 안고 인천공항으로 향했다. 배낭이 계획했던 것보다 무거웠지만, 그동안 체력 훈련을 잘 소화해 냈다는 생각에 자신감이 충만했다.

공항에서 스페인어 회화책을 하나 샀다. 비행기 안에서나마 공부를 하면 그동안 소홀히 한 것을 조금이라도 보충할 수 있지 않을까 하는 조급한 마음에서다. 모든 일은 준비가 안 돼 있으면 마음이 조급해지는 법이고 대체로 그 결과가 좋지 않다는 것을 알면서도 그렇다. 그래도 그 회화책으로 공부하며 스페인어 글자 읽는 방법을 터득했다.

　12시간의 비행 끝에 파리 샤를드골 공항에 도착했다. 현지 시각 오후 6시 30분이다. 공항 버스를 타고 몽파르나스 역으로 갔다. 거기서 카미노의 출발지인 생장피드포르로 가는 기차표를 예약했다. 한국에서 인터넷으로 예약했으면 훨씬 싸게 살 수 있었을 텐데, 지금은 날짜가 임박해서인지 차표 값이 생각보다 비싸다.

　미리 예약해 둔 역 근처 민박집을 물어물어 찾아갔다. 민박집에 도착한 시간은 9시 30분. 너무 늦게 도착해서 식사를 할 수 없었다. 비행기에서 두 끼 식사를 했지만 저녁은 결국 굶었다. 그냥 씻고 누웠다. 모든 것이 너무 낯설고 번거롭고 또 분주했다.

　시차 적응이 안 돼서인지 새벽에 몇 번씩이나 잠에서 깼다. 아내도 그랬다. 아침 식사 시간인 8시보다 훨씬 일찍 일어나 둘이 시내 산책길에 나섰다. 아직은 날씨가 꽤 쌀쌀하다.

　이제 막 장사를 준비하는 노점 과일 가게가 보였다. 기차 안에서 점심으로 먹을 산딸기와 자두, 보나로를 샀다. 과일들이 싱싱해 보였다. 간식용으로 대추야자 말린 것도 샀다.

민박집에 돌아와 아침을 먹었다. 아내는 같이 식사하는 젊은이에게서 카메라 외장 하드 사용법을 배웠다. 떠나기 전에 아들에게 열심히 배웠건만 막상 쓰려니 잘 안 된단다. 젊은이들에게서 무언가를 배울 게 있다는 것은 세상이 발전하고 있다는 증거다. 새로운 기술은 젊은이들을 통해 세상에 나타나고 또 펼쳐지게 되며 결국 그렇게 세상이 발전하기 때문이다. 그런 의미에서 나이 든 사람은 실력 있는 젊은이를 존중하고 귀하게 여겨야 하리라.

카미노에서 사진 찍는 일은 아내가 담당했다. 대학 다닐 때 사진반 활동을 해서인지 아내는 사진 찍는 솜씨가 꽤 좋다. 그래서 솜씨 없는 나는 카메라에 손도 대지 않는다.

몽파르나스 역 구내매점에서 점심거리로 빵을 준비했다. 맛이 어떤지 알 수 없어 옆에서 빵을 사고 있는 프랑스 여자에게 추천받아서 맛있는 빵을 샀다.

기차표에는 출발 게이트 표시가 없었다. 하는 수 없이 전광판 앞에서 출발 게이트 번호가 표시되기를 기다렸다. 출발 20분 전이 되어서야 번호가 표시되었다. 다른 사람들도 번호가 나올 때까지 전광판 앞에서 목을 빼고 기다렸다. 어디에서

든지 시스템이 잘 되어 있지 않으면 사람들이 고생하게 마련이다. 혹시라도 실수할까 봐 역무원에게 게이트 번호와 차량 번호를 다시 확인하고서야 겨우 기차에 올랐다.

우리 바로 뒤에 한국인인 듯한 꽤 나이 들어 보이는 남자가 앉았다. 운동으로 몸이 단련된 듯 날렵한 모습이다. 우리처럼 카미노를 가는 중인 구 씨였다. 68세. 1976년에 하와이로 이민을 갔다는 그는 정년 퇴직 후 여유롭게 골프 치며 즐기다가 이래서는 안 되겠다 싶어서 이번 여정에 도전하게 되었다고 했다. 부인은 강아지 때문에 집을 비우지 못해 할 수 없이 혼자 오게 되었단다.

한국 사람인데도 불구하고 패키지로 한국 관광을 한 것, 한국에 돌아와 살지 못하는 사연 등을 이야기하면서 함께 점심을 먹다 보니 어느새 바욘 역이다. 여기서는 10분 만에 기차를 갈아타야 한다. 부지런히 한 량짜리 작은 기차로 갈아탔다.

기차는 깊은 산속 계곡이 물길을 계속 따라간다. 이 기차에 탄 사람들은 모두 산티아고 순례길을 가는 사람들이다. 모습이 제각각이다. 나이 든 사람, 젊은 사람, 혼자 온 사람, 우리처럼 부부인 듯한 사람, 히피 복장을 한 사람……. 그런데 그들은 우리 둘과는 달리 꽤나 여유 있어 보였다.

차창 너머로 보이는 계곡물과 산골 풍경이 아름다웠다. 래프팅하는 청소년들이 손을 흔들며 인사했다. 우리도 손을 흔들어 답례했다. 잎사귀가 없는 나무들이 많았는데 무슨 나무인지 궁금했다. 알고 보니 연리지 나무였다. 얘기는 많이 들었지만 직접 본 것은 이때가 처음이었다.

비가 차창에 흩뿌렸다. 1시간 이상 산길을 달려서 드디어 목적지인 생장피드포르 역에 도착했다. 여기는 조그만 산골 마을이지만, 독립심 많고 자기네 언어를 별도로 쓸 만큼 고집이 센 바스크족이 살고 있다. 아직은 프랑스다.

구 씨와 우리는 기차에서 내려 기념사진을 찍으면서 여유를 부리는데, 다른 사람들은 그런 데 관심 없다는 듯 바삐 이동했다. 나중에야 그 이유를 알았다. 먼저 갈수록 값싸고 좋은 알베르게를 차지할 수 있기 때문이었다. 여기에서도 많이 알고 재빠른 사람이 유리한 고지를 차지하는 경쟁 논리를 피할 수 없었던 것이다.

비가 추적추적 내리는 가운데 순례자 사무실을 물어물어 찾아갔다. 순례자 여권인 크레덴시알을 만들어 확인 도장을 받고, 순례자를 상징하는 가리비 조개껍데기를 예쁜 것으로 골라 배낭에 묶었다.

순례 여정 중에 거치는 마을의 숙소 현황과 가는 길의 높낮이가 표시된 안내서도 구했다. '이제는 정말 순례자가 되었구나.'라는 기분이 들면서 설레기 시작했다.

크레덴시알과 가리비 조개 껍데기.

지자체에서 운영하는 공립 알베르게가 싸면서도 질이 좋다고 들어서 먼저 가 보았지만 이미 늦었다. 벌써 다 찼단다. 할 수 없이 사설 알베르게 중 질은 좀 떨어지지만 가격이 저렴한 알베르게를 선택했다. 조금 있으면 이곳마저도 다 찰 수 있단다.

좁은 방에 2층 침대 5개가 놓여 있었다. 우리는 각각 다른 침대의 2층을 배정받았다. 늦게 온 죄로 10개 중 가장 나쁜 위치다. 공용으로 쓰는 화장실과 샤워실은 밖에 있는데 좁아서 몸을 제대로 움직이기도 어려웠다. 다른 사람이 마치기를 기다렸다가 얼른 들어가 겨우 샤워를 하고 옷을 갈아입었다. 빨래는 별도로 물을 받아서 해야 한다기에 불편해서 포기했다. 혼자인 구 씨는 어쩌랴? 순례자의 어려움을 실감한다.

카미노 시작을 앞두고 머물렀던 알베르게 입구.

답답한 기분을 떨치려 밖으로 나왔다. 마을 한복판에 있는 성당에 들러 미사 시간을 먼저 확인했다. 저녁 7시에 미사가 있단다. 미사 시간까지 마을의 옛 성곽 유적들을 둘러보았다. 옛날에 지은 집들과 골목이 거의 그대로 보존되어 있어 보기 좋았다. 약간씩 비가 왔지만 다니는 데 지장을 줄 정도는 아니었다.

미사에 참석했다. 불어를 알아들을 수는 없었지만, 순서가 같아서 현재 무엇을 하는지 알 수 있었다. 미사를 마치고 신부님께서 우리 부부를 포함해 미사에 참석한 순례자 3명만을 위해 특별 강복을 주셨다. '앞으로 가는 길에 하느님의 은총이 함께하기를 빈다'는 내용이리라. 찬미 예수님!

내일은 하루 종일 산길을 가야 하기 때문에 중간에 점심 사 먹을 데가 없다. 그래서 지금 아침거리와 점심거리를 준비해야 한다. 조그만 슈퍼마켓에 들러 먹을 만한 물건을 찾았다. 남아 있는 물건이 별로 없어서 그냥 빵 몇 개외 과일 몇 개를 샀다.

저녁을 먹기 위해 식당을 찾다가 피자 가게를 발견했다. 얇은 피자와 콜라를 먹었다. 갓 구운 것이라 그런지 맛있었다.

이두워져시야 알베르게로 돌아왔다. 히외이에서 논스톱으

로 오느라 이틀간이나 잠을 못 자 일찌감치 침대를 찾은 구 씨는 한밤중인 듯했다.

남아프리카 공화국에서 왔다는 부부, 이번이 세 번째 카미노라는 영국인, 그와 함께 갈 거라는 아프리카 여성 등과 한 방에서 자게 되었다. 누군가가 "내일은 날씨가 좋을 거라는 일기 예보가 있었어요."라고 하자 과거 경험이 있다는 영국인이 "그건 날씨가 무더울 거라는 이야기예요."라고 말을 받았다.

내일 넘어갈 길에 대해서도, 오늘 비가 왔으니 우회해서 좀 쉬운 길로 가는 게 좋겠다는 쪽과, 어렵지만 우리처럼 정통 코스로 가겠다는 쪽으로 나뉜다.

내일은 거리도 길고 코스도 어렵다는 나폴레옹 길을 걸어야 한다. 피레네 산맥을 넘어야 한다는 생각을 하며 잠을 청해 보지만 잠이 잘 오지 않는다. 자고 있는 다른 사람들에게 방해가 될까 봐 바스락거리는 소리조차 조심스러워 제대로 움직일 수도 없다. 내일 견딜 배낭 무게가 걱정이다.

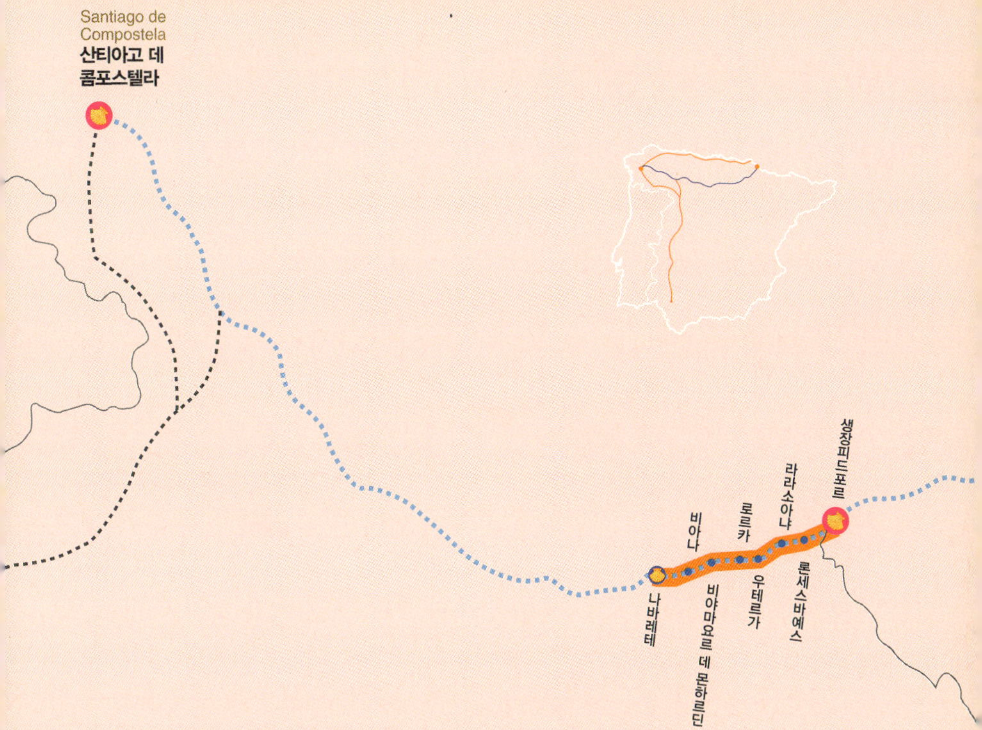

Santiago de Compostela
산티아고 데 콤포스텔라

생장피드포르
라라소아나
론세스바예스
로르카
우테르가
비아나
비야마요르 데 몬하르딘
나바레테

카미노를 출발하면서 맑고 아름다운 자연 속에 흠뻑 빠져 과거 어느 때보다도 맑고 순수한 마음으로 자신의 내면에 집중하게 된다. 그러나 한편으로는 나름대로 강한 훈련을 했다는 자만심이 우리 페이스를 초과하게 하면서 실수를 부르기도 한다.

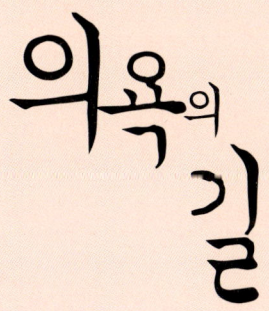

의욕의 길

부엔 카미노!

카미노 1일 3월 31일(목)

 카미노가 시작되는 첫날이다. 주인아주머니가 당부한 대로 7시가 되서야 모든 사람이 함께 기상했다.

 짐을 꾸리고 구 씨와 함께 출발했다. 같이 잔 다른 사람들도 짐 꾸리는 대로 출발했다. 다른 알베르게에서 잔 사람들을 밖에서 만나 아침 인사를 했다. 우리 외에 동양 사람은 보이지 않았다. 날씨는 좋았다. 마을을 벗어나는 쪽, 카미노 출발 지점으로 표시되어 있는 곳에서 기념사진도 찍었다. 약간은 흥분되고 한편으론 배낭 무게가 걱정되었다. 그래도 훈련을 통해 얻은 자신감으로 씩씩하게 발걸음을 내딛었다. 산동네 아침 공기가 상쾌했다.

계속 오르막이다. 우리는 속도를 유지하며 훈련한 대로 갔다. 구 씨가 우리 뒤로 쳐졌다. 젊은 사람들은 우리를 앞질러 갔다. 겨우 1시간 반 정도 지났을까? 훈련 때와는 달리 아내가 몹시 힘들어 했다. 벌써 이러면 먼 길을 어떻게 견딜까 싶어 심히 걱정이 되었다.

잠시 쉴 겸 풀밭에 돗자리를 깔고 털썩 앉아서 아침으로 빵을 먹었다. 상쾌한 아침 산 공기와 함께 먹는 빵이 맛있었다. 아내도 잘 먹었다. 그 사이 구 씨를 포함해 다른 사람들이 우리를 지나쳐 갔다. 다시 출발하기 전에, 견딜 수 있다는 아내의 말에도 불구하고 아내 배낭에서 무거운 짐을 골라 얼른 내 배낭에 옮겼다. 족히 2kg은 될 듯했다.

피레네 산맥은 고도가 1,450m나 된다. 그래도 길은 힘하지 않고 평탄했다. 꾸준한 오르막길이었다. 우리가 훈련한 길에 비하면 상당히 평이했다. 훈련의 성과를 피부로 느꼈다.

짐이 가벼워져서인지 아내의 발걸음이 훨씬 나아졌다. 아내 생각하느라 내 무게는 생각할 겨를이 없었다. 조금 가다가 아내가 한마디 했다. "괜찮아요?"

아내의 사랑이 느껴졌다. 아내를 위한 나의 희생을 아내가 알아주는 것 같아 행복감이 밀려 왔다. 이렇게 사소한 것에서도 사랑을 느낄 수 있다니 신기하다. 이런 정도의 다정함은 집에서도 얼마든지 있었는데, 그때는 못 느꼈던 감정이 여기에서는 느껴진다. 생각해 보면 사랑은 멀리 있거나 실천하기 힘든 것이 아니라, 일상에서 쉽게 찾아 행동할 수 있는 것이리라. 상대의 노고를 알아주고 그것을 표현해 주는 것. 사실 어려운 일이 아닌데도 그게 평소에 잘 되지 않는 것 같다. 갑자기 힘이 났다. 사랑은 힘을 내게 하는 묘약이라던가? 풀밭에 핀 야생화들이 한결 예뻐 보였다. 작은 관목도 없이 널리 초원으로 뒤덮인 피레네 산맥 산자락도 더 시원해 보이고 산 아래 펼쳐진 마을의 모습도 더 아름다워 보였다.

아내가 풀밭에서 네 잎 클로버를 하나 찾아냈다. 아내는 옛날부터 네 잎 클로버를 잘 찾곤 했다.

산길을 오르며, 또 쉬며 여러 사람을 만났다. 만날 때마다 서로 인사했다. "부엔 카미노!"

산티아고 순례길을 가는 사람들 누구에게나 통용되는 공식 인사말이다.

몽파르나스 역에서 우리 부부 사진을 찍어 준 일본 청년을 여기서 또 만났다. 그때 고마웠다고 다시 인사하고 일본 지진에 대해 걱정스레 얘기했더니, 자기 사는 곳은 안전하다며 덤덤하게 말했다. 그러고는 휑하니 앞서 갔다.

다행히 아내 컨디션이 어느 정도 회복된 듯 보였다. 1,200m 고지에 있는 철 십자가 밑까지 가서 다시 자리를 잡고, 점심으로 어제 산 빵을 먹었다. 풀밭 위에 자리를 펼친 후 다리를 뻗고 앉아 있으니, 지나가는 사람들이 우리 돗자리를 보며 부러워했다. 이탈리아 출신이라는 어떤 사람은 우리 옆에 슬며시 앉으며 같이 사진을 찍고는 고맙다고 했다. 동양인인 우리가 신기한가 보다.

다시 걷다가 만난 한 스위스 청년은 이번이 세 번째 카미노라며 8일 동안만 걷고 돌아갈 계획이란다. 매번 올 때마다 같은 코스를 가는데, 깨끗한 공기와 자연 속에서 새로운 사람을 만나 얘기를 나누며 걷는 것이 좋아서 자꾸 오게 된단다. 길에서 한국인을 만난 것은 우리가 처음이라고 했다. 이렇게 모두가 각자의 사연과 기대와 희망을 갖고 이 길을 가는 것이리라.

산 위에서 프랑스 국경을 넘어 스페인으로 갔다. 국경이라는데 노 철조망도 없고 국경을 지키는 사람도 없있다. 기둥 하나로 국경을 표시해 놓았다. 아무런 확인도 없이 그냥 국경을 넘었다. 이게 국경인가 의심스러울 정도였다. 같은 유럽 연합 국가라 그런가 보다.

산 정상은 평탄한 길이었다. 그동안 익힌 스틱 사용법을 최대한 활용했는데 무척 효과가 있었다. 하지만 이미 20km 이상 산길을 걸은 터라 상당히 지쳤다. 남은 길 약 4km는 내리막길이었다. 내리막이 내 발에 무리를 주는 듯해서 중간에 쉬면서 발 상태를 점검했다. 짐이 무거워 발에 부담을 주지는 않을까 걱정했지만 아직은 괜찮다.

조심조심 내리막을 내려와 도착한 곳은 론세스바예스. 고도 950m에 있는 마을이다. 우리는 먼저 공립 알베르게를 찾았다. 그런데 과거와는 달리 지금은 수도원 알베르게와 통합 운영한단다. 나이 지긋해 보이는 도우미들이 영어를 완벽하게 구사했다. 숙소를 배정받고 가 보니, 옛날 수도원을 개조해서 120명까지 수용할 수 있도록 2층 침대를 설치해 놓았다. 공간이 너르고, 샤워실과 화장실도 청결하고, 세탁기도 있는 등 설비가 훌륭했다. 아내는 더운물로 샤워를 마치고 옷을 갈아입은 후, 도우미를 통해 세탁기에 빨래를 돌리고 건조까지 시켰다. 전날의 좁고 낙후된 시설에 비하면 아주 만족스러웠다. 책에서 본 내용보다 훨씬 잘돼 있었다. 앞으로의 알베르게도 그러길 기대해 본다. 사람들도 꽤 많아서 북적댔다.

아침에 헤어졌던 구 씨가 먼저 와 있길래 말을 걸었다.

"어떠세요? 견딜 만하세요?"

"내가 여기 왜 왔나 모르겠어요. 그야말로 사서 하는 고생이네요."

아무래도 그 나이에 무리가 되나 보다. 앞으로 잘 견디셨으면 좋겠다.

아직은 이른 오후다. 저녁 식사를 하려면 식당에 예약을 해야 한다기에 구 씨와 같이 예약해 두었다. 그리고 미사 시간을 확인했다. 7시에 저녁 먹고 8시 미사에 참례하면 시간이 딱 맞겠다. 공원 벤치에서 쉬고 있는데 어떤 여자가 지나가며 말을 걸었다.

"어느 나라에서 오셨어요?"

"한국에서 왔습니다."

"정말 다양한 나라에서 오네요. 어제 같은 방에서 잔 열네 명의 국적이 모두 달랐는데 오늘 또 다른 국적의 사람을 만나네요."

"어느 나라에서 오셨는데요?"

"캐나다에서 왔습니다."

이 여자는 올해 60세란다. 날씬하면서도 꼿꼿한 몸매를 보니 잘 걷겠다.

어제 같은 방에서 잤던 남아공에서 온 부부가 이제야 도착했다. 그들에게 알베르게 사무실을 안내해 주었다. 부인이 꽤 힘들어 하는 눈치다. 동병상련이라던가? 먼저 도착해서 알게 된 것들을 기꺼이 알려 주었다. 그들이 고마워했다.

오후의 따사로운 햇볕을 즐기며 여유롭게 산책을 했다. 인구 100명도 안 되는 작은 마을인데도 역사적인 유물들이 있었다. 오디오 가이드를 들으며 13세기 고딕 양식의 건물인 '성 야고보 성당', 12세기 로마네스크 양식의 건물인 '성령의 성당' 그리고 박물관에 있는 은 세공품과 성화 등의 유물을 둘러보았다.

내일 먹을 것을 준비해야 하는데 너무 작은 마을이라 상점이 없단다. 여기서 2.5km를 더 가야 상점을 만날 수 있다고 해 내일 아침에 들러서 사기로 했다. 이 마을 사람들은 순례자들을 재워 주는 수익으로 살아가나 보다.

저녁 식사가 라운드 테이블에 준비되어 있었다. 와인 한 잔을 포함한 순례자 메뉴가 따로 있단다. 식사를 시작하며 와인으로 건배했다. "부엔 카미노!"

같은 테이블에서 식사하는 사람들의 국적이 다양하다. 네덜란드 여자, 아일랜드 출신 남편과 호주 출신 부인인 부부, 미국 국적인 구 씨 그리고 우리 부부였다. 아일랜드의 종교 차이에 의한 남북 갈등 관계와 우리나라의 정치 체제 차이에 의한 남북 갈등 관계를 비교하는 이야기, 카미노 참가 계기 등의 이야기를 했다. 필요할 때마다 아내에게 통역해 주었다. 하루 종일 힘들게 걸어와서인지 음식이 맛있었다. 나는 아무거나 잘 먹지만 아내는 입맛이 까다로운 편인데, 잘 먹었으려나?

식사를 마치고 사람들이 와인을 더 마시고 있을 때 우리는 미사 참례를 하러 갔다. 순례자들만을 위한 미사였다. 신부님께서는 미사에 참석한 사람들의 각 나라 언어로 특별히 강복해 주셨다.

"꼬레아, 은총이 있기를 바랍니다."

우리말 발음이 상당히 정확했다.

오늘은 첫날이라 그런지 얼마나 힘든지에 대한 감이 없다. 그래도 계획대로 움직였다.

일찍 잠자리에 들었다. 피곤해서 그런지 푹 잤다.

송충이는 아름답다

카미노 2일 4월 1일(금)

 6시 30분에 알베르게를 출발했다. 구 씨도 같이 출발했다. 어제와는 달리 개별적으로 일어나 출발할 수 있어서 좋았다.

 아직은 깜깜하다. 헤드 랜턴을 끼고 새벽 숲길을 갔다. 길을 따라 표시된 노란 화살표가 형광색이라 잘 보이지만, 앞서 가는 사람 배낭에 있는 형광 표시가 불빛에 비쳐서 더 잘 보였다. 그 빛을 부지런히 따라갔다.

 다음 마을에 도착했다. 문을 연 바가 있었다. 우리는 먹을거리를 사고 싶은데, 거기서는 식사만 할 수 있단다. 지도를 확인해 보니 시간상으로 다음 마을에 가서 먹어도 될 것 같아 그냥 지나쳤다. 그런데 다음 마을에 도착하니 문을 연 곳이 없었다. 배도 고프지만 휴식도 취할 겸, 우리는 마을 길가 벤치에 앉아 어제 먹다 남은 빵과 파리에서 산 대추야자 말린 것을 꺼내 아침 대신으로 먹었다. 구 씨는 먼저 간다며 앞서 갔다. 시장이 반찬이다. 맛있었다.

다시 출발했다. 아침 들길이 무척 상쾌했다. 맑은 공기 사이로 엷게 피어오르는 안개 속에 들리는 시냇물 소리와 새소리 또한 맑다. 말과 양들이 목장에서 풀 뜯는 모습도 한가로워 보였다. 아내가 말했다.

"괜히 왔다는 생각은 들지 않아요."

"그래? 다행이네. 그런데 아직은 갈 길이 멀어."

해가 뜨면서 날이 더워지기 시작했다.

조금 가다 보니 구 씨가 길 위에 벌러덩 누워 있었다. 얼른 다기기서 물었다.

"왜 그러세요? 괜찮으세요?"

"아, 좀 쉬었다 가려고요. 괜찮으니까 먼저들 가세요."

말은 이렇게 하지만 많이 힘들어 보였다. 요깃거리로 우리기 갖고 있던 빵과 말린 대추야자와 물을 나눠 준 후 안타까운

송충이는 아름답다 61

을 뒤로하고 갈 길을 갔다. 어제 구 씨와 얘기해 보니 여기 오는 준비를 너무 소홀히 한 듯했다. 별도 체력 훈련도 하지 않았고, 충분한 지식도 없고, 가이드북도 미비하고, 배낭 메는 방법을 비롯해 기초적인 장비 활용법도 모르는 상태였다. 우리는 훈련하면서 터득한 여러 가지를 알려 주려고 노력했다. 하지만 나이가 있어서 체력이 받쳐 주지 못하는 모양이었다.

어쨌든 그 이후로 카미노가 끝날 때까지 구 씨를 다시는 보지 못했고, 다른 사람들에게 소식을 물어봤으나 알 수 없었다. 무모하게 시작하면 실패할 수도 있다는 것을 보여 주는 듯했다.

햇볕 속을 걷는 것이 덥기는 하지만, 숲길이라 견딜 만했다. 소나무 숲길을 가는데 신기한 모습이 보였다. 송충이가 땅위에서 십여 마리씩 줄을 지어 기어가거나 한곳에 뭉쳐 있는 모습이 곳곳에 보였다. 송충이가 왜 땅 위에 있을까 궁금해 하며 갔다. 아내도 궁금한지 그 모습을 보고 있는데 산림 관리인 제복인 듯 보이는 빨간 옷을 입은 남녀가 말을 걸어 왔다.

"송충이는 원래 소나무에서 삽니다."

"예, 그렇지요. 그런데 왜 이렇게 땅 위에 있는 건가요?"

"땅속으로 들어가 있다가 6월경에 나비가 되기 위해서예요.

나비는 솔잎에 알을 낳지요. 그 알은 애벌레인 송충이가 되고 송충이가 성인이 되어 다시 나비가 되는 거랍니다."

"그럼 이 송충이의 진정한 모습은 나비란 말씀입니까?"

"예, 그렇습니다."

"아, 몰랐네요."

"송충이를 만지면 가려움증 때문에 고통스러울 수도 있으니, 닿지 않도록 조심하세요."

"알겠습니다. 정말 감사합니다."

나는 겉모습이 그렇게 흉측한 송충이의 진정한 모습이 아름다운 나비라는 사실을 처음 알게 되었다. 사람의 겉모습만 보고 호불호를 판단하곤 하는 우리에게 교훈을 주는 듯했다.

송충이 이야기를 들은 후, 그들에게서 다음 마을인 수비리에서 점심 먹을 곳을 추천받았다. 뜨거운 햇볕 속 아스팔트 길을 꽤 걸어서 그 음식점을 찾아갔다. 식당에서는 영어가 전혀 통하지 않았다. 산에서 만난 사람들이 써 준 메뉴를 보여 주며 겨우 주문했다. 그들이 추천한 음식 중에서 생선 요리로 2인분 시켰다. 그런데 아차, 아내가 생선을 먹지 않는다는 사실을 깜빡했다. 피곤하니까 정신이 없다. 콩 요리를 추가로 시켜서 겨우 아내가 먹을 수 있도록 했다. 아내를 꼼꼼하게 배려하지 못한 점이 참 미안했다.

식사를 마치고 잠시 쉬면서 건물 밖 그늘에 있는 의자에 앉아 발 상태를 점검하고는 다시 출발했다. 낮이 되면서 햇볕이 더 강해지기 시작했다. 초등학교 앞을 지나가는데 공놀이하던 어린이가 "안녕하세요, 순례자님Hola, Peregrino!" 하고 인사를 건넸다. 순수한 모습의 어린이가 건네는 인사가 듣기 좋았다. 지친 순례자들이 수비리의 명물인 라비아 다리 밑에서 물에 발을 담그고 쉬는 동안, 우리는 그 다리를 건너 다음 목적지로 향했다.

라라소아냐에 도착해 순례자 사무실로 갔다. 통합 관리하는 두 동의 알베르게 중 두 번째 동에서 우리가 제일 먼저 숙소를 배정받았다. 노후된 건물 위층에 2층 침대를 구비해 놓고 있었다. 화장실과 샤워실은 1층에서 공용으로 쓴다. 론세스바예스에 비하면 시설이 몹시 낡아 보였지만, 그래도 제일 좋은 자리를 차지할 수 있다는 것으로 위안을 삼았다. 아내는 더운물로 샤워를 마치고 빨래까지 했다. 그런데 나중에 온 사람들은 더운물이 나오지 않아서 찬물로 샤워를 하고, 물 데울 때까지 한참을 기다렸다가 다시 더운물을 썼단다. 그렇게 될 줄 미처 몰랐다. 미안한 마음이 가득했다.

아주 작은 마을인데 마을 중간에 성당이 있었다. 문이 닫혀 있었다. 미사는 일요일에만 있단다.

내일 먹을거리를 사려고 슈퍼 위치를 물어서 찾았는데 문이 닫혀 있었다. 할 수 없이 그냥 돌아왔다. 그런데 나중에 알고 보니 문 옆에 있는 초인종을 누르면 문을 열어 주는 것을 우리가 몰랐던 거였다. 내일은 가면서 다른 마을 바에서 식사를 해결하기로 했다.

마을에 하나밖에 없는 식당에 순례자들이 모여들었다. 우리도 조그만 개울이 흐르는 마을을 한 바퀴 돌며 산책을 마치고는 식당에서 맥주를 시켜 시원하게 마셨다. 어떤 순례자가 내일은 오늘보다 가는 길이 수월할 거라며 좋아했다. 카미노를 걷는 사람들이라면 지금의 어려운 조건을 일부러 선택해 그 속에서 어떤 의미를 찾으려고 왔을 텐데도, 당장 눈앞의 고통에서는 우선 벗어나고 싶은 게 인지상정인가 보다.

어린아이 하나가 자전거를 타고 나타나더니 순례자들 앞에서 노래를 부르며 재롱을 부렸다. 그 모습이 귀여웠다.

이 식당에서 다른 순례자들과 함께 순례자 메뉴로 저녁을 먹었다. 어세 산에서 만났던 스위스 청년, 또 다른 스위스 아

다른 뿌리 같은 몸의 연리지 나무.

가씨들, 호주에서 왔다는 아가씨, 네덜란드에서 왔다는 아주머니가 함께 있었다. 모두들 즐겁게 많은 이야기를 나누었다.

우리 부부는 각각 다른 음식을 시켜서 나눠 먹었다. 아이스바조차도 서로 맛보며 나눠 먹었다. 이런 모습이 낯선 듯 스위스 청년이 자꾸 쳐다보았다.

이 지역에는 다른 뿌리 같은 몸의 연리지 나무가 많다. 부부란 이 연리지 나무와 같아서 태생은 다를지라도 한 몸이기 때문에 위생 따위와는 상관없이 음식을 나눠 먹는 것 정도는 당연하다는 걸 그 청년에게 설명하고 싶었지만, 그냥 지나갔다.

남은 빵은 내일 먹기 위해 싸서 가져왔다. 시설이 낙후되었더라도 잘 곳이 있어 감사하다는 마음을 갖고 알베르게로 돌아와 내일을 위해 잠을 청했다. 다리에 피곤함을 느껴 종아리에 파스를 붙였다.

첫 번째 실수

카미노 3일 4월 2일(토)

 6시 45분, 잠에서 깼다. 사람들은 아직 자고 있었다. 자고 나면 피곤한 몸이 거뜬해진다. 부스럭거리는 소음을 줄이느라 애쓰면서 겨우 짐을 꾸려 일찍 출발 준비를 했다. 출발 전에 물집 방지를 위해서 반창고를 발가락에 감았다. 다리 근육에 무리가 가는 듯해서 소염제도 먹어 두었다.
 새벽어둠에 우는 새소리는 유난히 감미롭다. 처음 들어 보는 새소리라 무슨 새인지 이름은 알 수 없지만, 우리를 환영하고 격려해 주는 듯했다. 우리끼리 이 새 이름을 '삐비비요 새'

라고 부르기로 했다. 길옆 물소리도 잘 걸어가라고 격려해 주는 듯 힘찼다. 게다가 아내 발걸음도 어제와는 달리 힘차 보였다. 고도 표시를 보니 오늘 길은 사뭇 평탄하다.

우리는 원래 8시경 다음 마을에 도착해 바에서 아침을 먹을 계획이었다. 그러나 그게 얼마나 무모한 생각이었는지 지금에야 알게 된다. 마을에 바는 있지만 이 시간에 문을 연 바가 없었던 것이다.

별 수 없이 마을 길옆 의자에 앉아 그나마 어제 챙겨 둔 빵과 물로 아침을 대신했다. 옆에서 조잘대는 참새를 향해 빵 몇 조각을 던져 주니 냉큼 물고 날아갔다.

작지만 깨끗한 마을인 '트리니다드 데 아레'에 도착했다. 작은 강을 건너며 다리 앞에서 사진을 찍었다. 아침 산책 나온 사람들에게 사진을 찍어 달라고 부탁했다. "실례합니다 Perdon!" 하고 볼리시 기메리를 들고 사진 찍는 모습을 흉내 내면 알아듣고 친절히 응해 준다. 고맙다는 인사말도 "감사합니다Gracias!" 한마디면 충분하다. 사람이란 얼마나 착한 존재인가? 아무런 인연이 없는 사람을 기꺼이 도우려 하고, 상대방이 즐거워하는 모습을 보며 자기도 기쁨을 느끼고, 남이 이려운 일을 잘 헤쳐 나갈 때 같이 용기를 얻고 희열을 느끼는 것이 사람의 본래 모습 아닌가?

그 마을 순례자 사무실을 찾아가 크레덴시알에 스탬프를 받았다. 각 지역별로 독특하게 만든 각종 모양의 스탬프가 크레덴시알의 빈칸을 하나하나 채워 나가는 걸 보며 작은 성취감을 맛본다.

순례의 성인이며 스스로 순례자였던 야고보 성인의 조각상이 있는 막달레나 다리를 건너 팜플로나 시에 입성했다. 우리는 이번 순례를 계획할 때부터 볼거리들이 있는 마을에서는 단순히 걷는 것 외에도 그것들을 보고 가기로 했었다. 그래서 원래의 순례길을 벗어나 관광 안내소를 찾아가서 마을 지도와 볼거리에 관해 설명을 들었다. 여기서는 그나마 영어로 소통할 수 있어서 좋았다.

우리가 있는 곳에서 멀지 않은 곳에 '팜플로나 대성당'이 있음을 확인하고는 얼른 찾아가 대성당과 그 안에 같이 있는 박물관을 관람했다. 스페인에 와서 본 성모님은 모두 아기 예수님을 팔에 안고 계셨다. 그리고 성모님 팔에 안긴 아기 예수님은, 오른손은 들어 올려 손가락 세 개를 펴고 왼손 위에는 둥근 구슬을 얹고 계셨다. 삼위일체로 세상을 구원하신다는 의미인 것 같았다. 조용히 울려 퍼지는 그레고리안 성가를 배경음악으로 들으며 오래전 성당에서 사용하던 유물들을 마저 감상했다.

도시 중심가로 나가서 우리가 가고 싶어 했던 '산 니콜라스 성당'과 '산 페르민 성당'을 찾는데, 쉽지 않았다. 성당들은 대체로 구시가지에 자리하고 있다. 구시가지는 옛날 골목길이 그대로 남아 있어서 좁고 꼬불꼬불한 길이 이리저리 뚫려 있기 때문에 지도를 보고 길을 찾기가 만만치 않다.

지나가는 사람에게 길을 물었다. 무어라 설명하다가 말이 통하지 않는 걸 알고는 우리를 앞서 가면서 골목길을 돌고 돌아 성 니콜라스 성당으로 안내했다. 그리고 건물 입구로 들어가 관리인인 듯한 사람을 불렀다. 관리인은 막 문을 닫으려다가 우리가 순례자라고 하자 성당 내부를 볼 수 있게 허락해 주었다. 이런 게 순례자 특권인가? 바로 우리가 찾던 성당이었다. 로마네스크 양식의 건물이다. 내부에 오래된 성화와 성인 조각이 있어 찬찬히 둘러보았다. 관리인이 알아서 스탬프도 찍어 주었다.

이번에는 산 페르민 성당을 찾아갔다. 팜플로나 시의 수호성인이며 황소들이 거리를 질주하는 것으로 유명한 산 페르민 축제의 기원인 페르민 성인을 기리는 성당이다. 마침내 성당을 찾아내기는 했는데 문이 닫혀 있었다.

모든 일이 계획대로 되는 것은 아니다. 그래도 언제나 도와주는 사람들이 있고 도전도 있게 마련이다. 그런 도움에 감사할 줄 알고 또 그렇게 주어지는 도전을 즐길 줄 알아야 제대로 인생을 사는 것이 아닐까?

근처에 있는 빵집과 과일 가게에 들러 점심거리를 산 후 도시에서 제일 큰 광장인 카스티요 광장을 찾아 어느 책에선가 소개된 까페 이루나를 찾아갔다. 어니스트 헤밍웨이가 말년에 자주 이용한 곳이란다. 야외에 있는 의자에 자리를 잡고 분위기를 돋우며 빵과 함께 시원한 콜라를 주문해서 마셔 보았지만, 가격도 비싸고 서비스나 분위기도 생각보다 만족스럽지 않았다.

도심을 벗어나며 다시 카미노 표시를 따라 공원길을 갔다. 아내는 여기서도 네 잎 클로버를 찾아내고는 얼른 따서 책갈피에 곱게 끼워 넣었다. 길가에는 야생화도 흐드러지게 피어 있었다.

봄이 시작되면서 길가에 핀 야생화가 무척 아름답다.

아내를 꽃밭 가운데 앉히고 사진을 찍었다. 사진 제목은 '꽃보다 아름다운 여인'이다. '사람이 꽃보다 아름답다!'던가? 내게는 아내가 사람보다 아름답다. 첫날의 어려움을 잘 견뎌 낸 후 꿋꿋이 가는 아내가 고맙다.

오늘 우리가 당초 자기로 계획했던 곳은 20.9km를 걸은 후 만나게 되는 시수르 메노르였다. 어제 산길 27.4km를 걸었던 터라 상당히 힘들어서 오늘은 숨 고르기를 할 심산이었다. 그런데 우리 걸음이 어찌나 빨랐던지 당초 목적지에 예정 시간보다 훨씬 일찍 도착했다. 그래서 그곳이 우리의 목적지가 아닐 것이라고 추측하고는 거기를 지나쳐 버렸다. 30분 이상을 더 가고서야 그 사실을 알게 되었다. 돌아갈까도 생각해 보았으나 지도에서 다음 알베르게가 있는 마을을 찾아보니 약 4km 정도만 더 가면 될 것 같았다. 그 정도라면 시간상으로나 거리상으로 더 가도 문제 없을 것 같았다. 빨리 알베르게를 확보해야겠다는 생각에 부지런히 걸었다.

태양이 뜨거운 신작로 오르막길이다. 저 멀리 앞산 위에는 풍차들이 멋진 풍광을 만들었다. 그러나 그 경치를 감상하기보다는 잠자리가 우선이었다. 얼마 후 목적지인 사리키에기 마을에 도착해서 알베르게 표지판 앞에 짐을 내려놓았다. 그런데 문이 닫혀 있었다. 문을 두드리고 초인종을 눌러도 답이 없었다. 잠시 집을 비웠으려니 생각하고 기다렸다. 마을 사람이 몇 명 보이는데 내게는 관심도 없었다. 작은 성당 안에도 사람이 보여 말을 붙여 보았지만 영어를 전혀 못했다. 아내가 지친 모습으로 도착했다. 마침 지나가던 자전거 순례자가 멈춰 섰다. 자전거 순례자는 대부분이 스페인 사람이다. 저 사람도 여기서 잘 생각인가? 알베르게 문이 닫혔다고 했더니 건물 뒤로 가서 마을 사람에게 확인해 주었다. 그런데 어쩌랴. 이 알베르게는 아직 시즌이 아니라 문을 열지 않았고, 주인도 이 마을에 없다는 것이었다. 난감했다.

5시 40분, 계획보다 이미 5.2km를 더 왔다. 지도상으로 다음 알베르게는 여기서 6.1km를 더 가야, 그것도 790m 고지의 산을 넘어야 있는 우테르가 마을에 있었다. 큰일이었다. 그러나 방법이 없었다. 어쩔 수 없이 거기까지 가기로 했다. 아내가 걱정했다.

"해 지기 전에는 들어갈 수 있을까요?"

"2시간이 채 안 걸릴 테니까 해 지기 전에는 도착할 수 있을 거야."

뜨거운 땡볕 아래 나무도 없는 가파른 산길을 아내는 잘 따라와 주었다. 산의 아름다움이나 들꽃들의 청초함이 눈에 들어오지 않았다. 비가 왔다면 진흙길이라 더 고생할 수도 있었을 테니, 그나마 비가 오지 않는 걸 다행으로 여겼다.

어느덧 산꼭대기에 올라섰다. 여기가 바로 '용서의 언덕' 정상, 힘들게 걸어가는 각양각색의 순례자들 모습을 대형 철 조각상으로 만들어 설치한 곳이다. 딱 우리의 모습을 얘기하고 있는 듯해서 옆 사람에게 부탁해 조각상에 우리 모습을 맞춰

다양한 순례자들 모습을 조각상으로 만들어 설치한 용서의 언덕.

사진을 찍었다. 아까는 멀리 보이던 풍차가 바로 옆에서 위용을 뽐냈다.

이제 남은 길은 내리막길이었다. 30여 분을 걸어 산을 내려가니 우테르가 마을 입구에 알베르게 표시가 보이고 길가에 성모님이 계셨다.

"아이구! 반갑습니다, 성모님."

아무리 힘들어도 성모님을 그냥 지나칠 아내가 아니었다. 아내는 성모님께 기도를 드렸다.

우리 잠자리가 남았으려나 걱정하며, 이 마을에 하나밖에 없는 알베르게를 찾았다. 잘 수 있단다. 어휴! 짐을 풀고 저녁을 먹었다. 마침 식당을 겸하고 있어서 마을로 나가지 않아도 되었다. 그런 대로 시설이 깨끗하고 괜찮았다.

밖이 어두워지기 시작했다. 식당에 몇몇 사람들이 있지만 그들과 얘기할 기력이 없었다. 겨우 식사를 마치고 후식을 먹을 때에서야 기력을 차리고는, 우리보다 늦게 도착한 루마니아에서 온 아가씨들 쪽으로 자리를 옮겼다. 혼자 사는 것을 즐기고 있다는 이들에게 빨리 결혼하는 게 부모에게 효도하는 거라고 충고했다. 그러나 그들이 내 말을 들으리라고는 기대하지 않았다.

오늘은 시간이 늦어서 마을을 돌아보지 못해 미사 시간조차도 알 수 없다. 오늘 걸은 거리는 총 32.2km, 계획보다 12.3km나 더 왔다. 훈련 기간을 포함해서 하루 동안 가장 긴 거리를 걸은 것이었다. 몸은 힘들지만 이렇게 긴 거리를 소화해 낸 우리가 대견스러웠다.

일찍 잠자리에 들었다. 내일은 조금만 가야겠다.

고생 뒤에 만난 평화

카미노 4일 4월 3일(일)

어제 일찍 자서 그런지 이른 새벽에 잠이 깼다. 어제 고생한 발과 다리를 마사지했다. 어려운 길에서 잘 견뎌 준 발이 그렇게 예쁘고 고맙게 느껴질 수가 없었다. 이런 게 일상에 감사하는 마음인가?

다들 잠들어 있을 텐데도 성당 종소리가 울렸다. 유심히 들어 보니 매 15분마다 종을 치는데 매시 15분에는 한 번, 30분에는 두 번, 45분에는 세 번을 치고 매시 정각에는 매시별 시간 수에 맞춰 종을 쳤다. 성당 종소리가 시계 역할을 대신하는 것이었다. 과거 시계가 보편화되지 않았을 때의 성당 역할이 지금까지 이어져 오는 것이려니 생각했다. 여기 성당도 마을 주민 전체의 편의를 위해 이러한 봉사로써 제 역할을 묵묵히 수행하고 있다는 생각이 들었다.

작은 거실로 나가 테이블에 있는 방명록에 글을 남겼다. 지난 글들을 보니, 우리나라 사람들도 많이 다녀갔다.

아침 일찍 알베르게를 출발했다. 안내 책에 소개된 대로 '에우나테 성당'을 둘러보고 가기 위해 우회 길로 갔다. 정상 길보다 2.8km를 더 걷는 길이다.

에우나테 성당은 모양이 독특했다. 8각형 모양의 건물로, 건물 바깥쪽에는 둥근 기둥들이 건물을 둘러 감싸도록 세워 회랑을 만들었다. 내부는 큰 치장 없이 간소했다. 12세기에 지어진 로마네스크 양식의 건물이란다. 아내는 성모님 앞에 있는 전기 촛불에 점화하고 기도드렸다. 그리고 나서 건물 밖 벤치에서 간단히 아침 식사를 했다.

한 여자가 우리 뒤를 따라왔다. 그녀도 성당을 둘러보고 우리와 비슷하게 출발했다. 그녀는 독일에서 왔다고 했다. 2주 후에는 어머니와 합류해서 산디아고 데 콤포스텔라까지 갈 계획이란다. 말 없이 혼자 걸으며 고독과 고요를 즐기는 듯 보이는 그녀의 모습이 경건해 보였다.

카미노에는 여러 종류의 사람이 있다. 여럿이 떠들면서 가는 사람, 혼자 조용히 걷는 사람, 나이가 많은 사람, 젊은 사람, 걷기 힘들어 보일 정도로 뚱뚱한 사람, 날렵한 사람, 빨리 걸으며 그 속도를 자랑스럽게 생각하는 사람, 천천히 걸으며 느긋함을 즐기는 사람, 배낭 짐을 예쁘게 잘 꾸리는 사람, 배낭 짐을 떨어질 듯 위태롭게 꾸려서 보는 사람을 아슬아슬하게 만드는 사람 등. 그들은 그렇게 다르지만, 모두 같은 길을 간다. 마음이 달라도 한길, 속도가 달라도 한길, 생각이 달라도 한길, 나라가 달라도 한길, 나이가 달라도 한길. 그렇게 서로 다른 그들 모두는 한길을 가며 같은 세상을 산다. 우리 부부도 그 사람들 속에 있다.

푸엔테 라 레이나에서 성당을 찾아 들어갔는데 마침 미사가 시작되어 주일 미사에 참여했다.
"저희가 가는 길에 주님 은총이 늘 함께하소서!"

다시 걸었다. 마녜루 마을에 도착했다. 이번에는 바에서 점심을 먹어 보기로 했다. 손님들이 북적거리는 바에 주인을 포함해 영어를 할 줄 아는 사람이 아무도 없어, 사진에 있는 음식을 보고 겨우 주문을 했다. 그런데 한참을 기다려도 음식이 나오지 않았다. 스페인어 회화책 속에서 "나는 배가 고파요."를 찾아 주인에게 보여 주었다. 주인이 알았다며 몸짓으로 조금만 더 기다리라고 했다. 그 사이에도 바는 온 마을 사람이 모두 모인 듯 분주했다. 음료수 한 잔을 앞에 놓고 끼리끼리 수다를 떠느라 북새통이었다. 스페인의 바가 마을 사람들에게 만남의 장소이자 정보 교류의 장소라는 문화를 뜻밖에 경험하게 되었다.

언어 불통으로 한 끼를 간신히 해결했지만, 음식은 꽤 좋았다.

푸엔테 라 레이나 다리

비가 부슬부슬 내렸다. 덮개로 배낭을 덮었다. 시라우키에 머물까도 생각해 보았으나, 그러자면 오늘 20km도 못 가는 셈이다. 그럴 수는 없었다. 아직 우비를 입을 정도는 아니기도 해서 당초 생각한 대로 로르카까지 가기로 하고 부지런히 갔다. 때로는 들길, 때로는 언덕길, 때로는 아스팔트 길을 갔다. 도로 옆을 따라갈 때는 지루했다. 로마의 길이 유적으로 있다는 곳도 지나갔다. 그럭저럭 거의 다 온 듯했다. 굴다리를 새로 보수한 듯한 곳에서는 카미노 표시가 불확실해 잠시 길을 헤매기도 했다.

오후 5시 30분경. 마지막 언덕을 올라 로르카에 도착했다. 먼저 눈에 띄는 알베르게에 들어갔다. 입구에 들어서니 바였다. 잘못 들어왔나 싶어 다시 나가려는데, 안내해 주겠다며 한 사람이 앞장섰다. 위층으로 올라가니 사무실이 있고 거기서 침대를 배정해 주었다. 그런데 우리가 첫 손님이어서 도미토리와 트윈, 더블 중에서 침대를 고를 수가 있단다. 사설 알베르게라서 그런가 보다. 우리는 트윈을 선택하고 짐을 옮겼다. 지금까지의 카미노 중에서 2층 침대가 아닌 침대에서 나란히 자는 것은 처음이었다. 알베르게 시트는 침낭을 사용하지 않아도 될 정도로 깨끗했다. 더구나 같은 층에 다른 손님이 없어서 완전히 독방 같았다. 스팀도 마음대로 조절해서 써도 된단다. 아내는 재빨리 빨래부터 하고 스팀을 틀어 말리기 바쁘다.

비가 약간씩 내리지만 아직은 시간이 일러 우산을 빌려 쓰고 밖에 나갔다. 굳이 식당에서 사 먹지 않고, 슈퍼에서 빵과 과일을 사서 먹는 것이 우리가 먹고 싶은 것을 싸게 먹을 수 있는 방법이다.

오늘은 특별히 와인 한 병을 샀다. 침대는 많지만 자는 사람은 우리 둘밖에 없는 방에서 서로의 잔을 부딪쳤다.

"부엔 카미노!"

아침 녘의 긴 그림자. 왼쪽은 아내, 오른쪽은 나다.

진리란 과연 무엇인가?

카미노 5일 4월 4일(월)

시골 마을의 아침 공기는 언제나 상쾌하다. 새소리, 물소리도 여전히 반갑다.

막 떠오르는 해를 뒤로 하고 걸으면, 우리 모습이 긴 그림자가 되어 우리를 앞서 긴다. 우리는 서쪽을 향해 걸어가기 때문에 아침 해는 언제나 등 뒤에 있다.

걸어가며 만나는 마을 사람들에게 인사하면 반갑게 화답해 준다.

"안녕Hola!"

"안녕, 좋은 아침Hola, Buenos dias!"
우리 발걸음도 가볍다.

10시 30분, 과거 나바레 왕국의 상업 중심지였다는 에스테야에 도착했다. 마을 입구에 있는 커다란 식수대가 순례자들을 환영했다. 마을에 들어서니 오래된 듯한 성당 하나가 바로 보였다. 정문 위에 정교하게 '최후의 만찬'이 조각되어 있었다. 우리보다 먼저 와서 성당 조각을 관찰하던 노부부의 대화가 들렸다.

"최후의 만찬에 있는 사도가 11명이네요."

"그런가?"

"유다가 없어서 그렇잖아요."

나도 유심히 보면서 아내에게 노부부 대화를 전해 줬더니, 사도는 12명이고 최후의 만찬에는 '유다'도 참석했다고 아내가 알려 주었다. 자세히 보니 사도는 12명이었다.

그 노부부와 함께 마을로 들어서며 사설 박물관을 구경했다. 옛날부터 마구간이었던 듯 말 관련 장신구들이 즐비했고, 아직도 옛날 방식 그대로인 마구간 안에 말이 보였다. 관리하는 아주머니는 자기 아들 사진을 보여 주며 승마에서는 잘 알려진 인물이라고 자랑이 대단했다. 어떤 부모에게든지 자식은 그냥 한 사람 이상의 의미를 갖는다.

이 마을에는 수도원을 비롯해 몇 가지 볼거리가 있다고 했다. 그래서 박물관에서 그리 멀지 않은 곳에 있는 관광 안내소로 발길을 옮겼다. 노부부도 우리와 같은 방향으로 갔다. 남아프리카 공화국에서 온 이들 부부는 둘 다 65세로, 23일간의 휴가 기간 동안 카미노를 걷고 있단다. 휴가 기간이 카미노 전체를 걷기에는 부족해서 여기서 버스로 얼마간 건너뛴 뒤에 다시 걸어서 산티아고 데 콤포스텔라까지 갈 계획이라고 했다. 그래서 버스 시간표를 알아보기 위해 관광 안내소로 가는 중이란다.

"그 연세에 대단한 도전이십니다. 힘들지 않으세요?"

"나이는 숫자에 불과하죠. 그리고 육체는 정신이 하라는 대로 움직이는 지갑이요."

연륜에서 우러나오는 의지를 느끼며, 버스 시간표를 먼저 확인하도록 양보했다.

관광 안내소 아가씨가 아주 친절했다. 영어도 잘했다. 우리에게 마을 지도를 주며 볼거리를 자세히 설명해 주고는 배낭을 보관해 주겠다면서, 시에스타가 시작되는 2시 전까지는 와야 한다고 알려 주었다. 배낭을 벗고 가볍게 다닐 수 있게 해줘서 정말 고마웠다.

관광 안내소 바로 맞은편의 '산 페드로 데 라 루아 성당'을 보려고 계단을 올라가다 보니 문이 닫혀 있었다. 할 수 없이 주위만 둘러보았다. 마을 중심 부분을 둘러싸고 있는 에가 강을 건너 마을 중심가를 거쳐 반대편 언덕에 있는 대성당을 찾아갔다. 언덕 오르막길이 꽤 가팔랐다. 힘겨워하며 계단을 오르는 아내를 뒤로하고 한참을 올라가 보니 오래된 성당 건물 유적이 보였다. 우리가 찾던 성당인가 싶어 지도를 보니 아니었다. 좀 더 언덕을 올라가서야 우리가 찾던 '르퓌의 성모 대성당'을 만났다. 1951년에 개축된 건물이라 그런지 건물 자체의 고풍스러움은 부족했다.

내부를 둘러보니, 예수님을 안고 계시는 왕관 쓴 '델 푸이 성모님'이 제대 뒤로 보였다. 그동안 우리나라에서 보던 아름다운 모습의 성모님과는 사뭇 달랐다. 얼굴이 시골 아낙과 같이 수수하고 후덕한 모습이었다. 우리나라 사람들에게 좀 더 친숙할 수도 있을 것 같은 느낌이었다.

20m 높이에 있는 조명등이 독특하고 8개 꼭지를 가진 별

모양의 천정 장식도 이채로웠다.

"힘들여서 올라온 보람이 있네요."라며 아내가 좋아했다.

바로 옆에 있는 베네딕토 수도원은 겉에서만 보고, 언덕을 내려와 마을 중심가에 있는 성당들을 더 둘러보았다. 과거의 성당 유산을 이렇게 많이 가지고 볼거리를 제공하는 이 마을이 부러웠다.

관광 안내소에서 배낭을 찾은 후 주위에 있는 빵집을 소개받아 점심을 먹었다. 오늘과 내일 먹을 빵도 사서 배낭에 넣었다. 손님이 거의 없어서 '왜 그런가?' 싶었는데, 생각해 보니 빵집도 시에스타 시간에는 문을 닫기 때문이었다. 하마터면 늦어서 사지 못할 뻔했다.

에스테야를 벗어나고는 얼마 안 가서 수도꼭지에서 공짜로 와인을 먹을 수 있는 '와인의 샘'을 만났다. '이라체 수도원'에서 운영하는 샘이다. 배낭에 달고 다니던 가리비 조개 껍데기를 풀어서 와인 잔 대신으로 썼다. 공짜라서 그런지 와인이 맛있었다. 아내도 한 껍데기 했다.

물통에 와인을 살짝 담아서 가는데 자세히 보니 뒤에 감시 기메리기 있었다. 흐끔했다. 그런데 사실 저 감시 카메라보다

이라체 수도원에서 운영하는 와인의 샘. 왼쪽에서는 와인이, 오른쪽에서는 물이 나온다.

 더 무서운 것은 내 마음의 카메라일 것이다. 내 마음의 카메라는 이 정도는 허락한다.
 바로 옆에 있는 이라체 수도원은 문을 닫아서 내부는 못 보고, 할 수 없이 정문과 건물 기둥에 새겨진 조각들과 주위 정원만 둘러보았다.
 계속 걸었다. 햇빛은 강하지만 숲길이라 좋았다. 한참을 가다가 자리를 깔고는 신발까지 벗고 쉬었다. 햇빛이 있더라도 그늘에서는 기온이 뚝 떨어지기 때문에 보온 겉옷을 걸쳐야 한다.

언덕길을 올라 몬하르딘에 도착했다. 오늘 걸은 거리는 18km밖에 안 되지만 에스테야에서 돌아다닌 것을 생각하면 그래도 꽤 많이 걸었다. 시간이 늦어서 여기에 머물기로 했다.

마을 입구에 있는 공립 알베르게 문을 두드렸지만 대답이 없었다. 마을로 좀 더 들어가 보니 다른 알베르게가 나타났다. 네덜란드 개신교회에서 운영하는 알베르게였다. 운영하는 사람들도 거기에서 일정 기간씩 파견된 봉사자들이란다. 아내는 탈수기를 공짜로 쓸 수 있다고 좋아하며 빨래를 해서 널고 알베르게 앞 너른 뜰 의자에 앉아 쉬었다.

앞마당에 주근깨가 유난히 많은 동양 아가씨가 보였다. 일본 운수 회사에 근무한다는 그녀는 이곳에서 휴가를 보내고 있는 중이란다.

저녁을 먹었다. 식사는 이탈리아 봉사자가 마련했다고 소개했다. 아내는 지금까지 먹은 음식 중에 최고라며 아주 좋아했다. 나도 덩달아 맛있게 먹으면서 "원래 요리사 중에 이탈리아 요리사가 최고 아닙니까?"라고 엄지손가락을 세우며 봉사자를 치켜세워 주니, "맞습니다." 하며 좋아했다.

저녁 식사가 끝난 후, 선교 목적으로 보이는 책자를 나눠 주었다. 우리에게는 한글로 된 것을 주었다. 성경 구절이 적힌 것이었다. 놀라웠다. 옆에 있는 일본 아가씨에게는 일본어가 없다며 영어로 된 걸 주었다. 그리스도교가 일본보다는 우리나라에서 더 보편화되었기 때문일 거라고 생각했다. 한국인으로서의 자부심을 느꼈다.

8시 30분부터는 명상 시간을 갖는단다. 참석은 자유였다. 색다른 경험이겠다 싶어 나는 참석하기로 했다. 아내는 "말도 잘 안 통할 텐데." 하면서 쉬겠다고 했다. 참석자는 총 9명, 봉사자 5명과 나를 포함한 순례자 4명이었다.

명상을 시작하며 성호를 긋는 사람은 나뿐이었다. 촛불을 켜 놓은 은은한 공간에 잔잔한 현악기 음악이 깔렸다. 봉사자 중 한 명이 영어로 진행했다.

"이 명상은 각자가 믿는 종교에 상관없이 카미노를 통해 자신을 돌아보고, 나아가 진리를 찾는 일에 도움을 주고자 하는 프로그램입니다."

'진리'라는 단어가 갑자기 내 머리를 내리쳤다. 카미노가 '진리'를 찾아가는 길이란 말인가? 그런데 나는 과연 '진리'에 대해 생각해 본 적이나 있는가? 라고 반문했다. 그러고 보니 나는 그런 생각을 해 본 적이 없었다.

진행자가 성경 구절을 읽었다.

"사랑은 참고 기다립니다. 사랑은 친절합니다. 사랑은 시기하지 않고 뽐내지 않으며 교만하지 않습니다. 사랑은 무례하지 않고 자기 이익을 추구하지 않으며 성을 내지 않고 앙심을 품지 않습니다. 사랑은 불의에 기뻐하지 않고 진실을 두고 함께 기뻐합니다. 사랑은 모든 것을 덮어 주고 모든 것을 믿으며 모든 것을 바라고 모든 것을 견디어 냅니다."(1코린 13,4-7)

이어서 또 다른 성경 구절을 읽었다.

"나는 빛으로서 이 세상에 왔다. 나를 믿는 사람은 누구나 어둠 속에 머무르지 않게 하려는 것이다. 누가 내 말을 듣고 그것을 지키지 않는다 하여도, 나는 그를 심판하지 않는다. 나는 세상을 심판하러 온 것이 아니라 세상을 구원하러 왔기 때문이다."(요한 12,46-47)

그리고는 모두의 축복을 기원하는 기도로 명상을 마쳤다. 그리고도 우리는 계속 앉아 있었다. 명상을 진행하던 봉사자가 먼저 입을 열었다.

"성령이 마음에 임하면서부터 진리 즉 하느님을 향한 길이 시작됩니다."

독일에서 왔다는 사람이 덧붙였다.

"기미노는, 신앙적인 외도로 하느님을 향해 갈 때 그 의미가 더 크리라고 봅니다. 그런데 많은 사람들이 그렇지 않지요. 하느님을 향하기보다는 자기 자신의 내면에서만 무언가를 찾으려고 하는 경우가 더 많습니다."

나는 혼자 조용히 밖으로 나왔다. 밤하늘의 초롱초롱한 별이 쏟아져 내릴 듯 아름다웠다. 오늘의 주제인 '진리'에 대해 생각해 보았다.

모든 선한 사람들은 각자가 자신들의 기준에 의한 진리를 추구하고 그것을 실행하려 노력할 것이다. 그리스도인에게 진정한 진리는 오직 하나 즉 하느님일 것이다. 신앙이 없거나 다른 신앙을 갖고 있는 사람의 진리도 하느님을 기준으로 한 진리와는 다르지만 그 나름대로 의미를 가진 진리일 거라고 생각한다.

그렇다면 신앙인의 절대 진리와 비신앙인의 진리의 차이는 무엇인가? 구별 기준은 무엇인가? 신앙인은 하느님만이 절대 진리라고 인식하고 비신앙인은 그런 인식을 하지 못한다는 것의 차이일 뿐인가? 카미노가 진리를 찾아가는 길이라면, 신앙인과 비신앙인이 경험하는 카미노의 의미가 다른 것인가? 절대 진리를 갖고 산다는 것은 과연 어떻게 사는 것인가? 갖지 않고 사는 사람과는 무엇이 달라야 하는 것인가? 신앙인이라면 하느님과 함께 생활해야 하는데, 그게 가능하기는 한 것인가?

 의문 섞인 생각이 산만하게 꼬리를 물지만 해답을 얻지는 못했다. 이내 잠자리로 돌아왔다.

자신만의 속도로!

카미노 6일 4월 5일(화)

오늘은 30.1km를 가야 해서 일찍 출발했다. 깜깜했다. 헤드 랜턴 불빛이 어두운 길 비추는 데는 최고다. 하늘에는 아직 별이 초롱초롱했다. 북두칠성을 찾아냈다. 아는 별자리는 그것밖에 없다.

"당신, 북극성이 어느 별인 줄 알아?"

"저쪽에 밝은 저 별 아닌가요?"

"아니, 북극성은 국자 모양 북두칠성의 국자 끝의 연장선상에 있어. 저기 국자 끝 길이의 일곱 배 되는 자리에 있는 별,

바로 저 별이야. 그래서 저기가 북쪽이야."

얼마 만에 찾아보는 북극성인가? 정말 아름다운 밤하늘이었다.

우리를 앞질러가는 젊은 청년들이 우리를 보고 인사했다.

"자이지엔!"

우리를 중국 사람으로 생각했나 보다. 어떤 때는 일본 사람으로 알고 "하폰japon?" 하는 경우도 있다.

아직 아침, 로스 아르코스에 도착했다. 마침 열려 있는 알베르게가 보여서 스탬프도 찍고 쉬기도 할 겸 들어갔다. 사람은 아무도 없는데 스탬프는 있었다. 커피와 과자도 준비되어 있었다. 나는 간단히 커피를 한 잔 마셨다. 둘러보니, 벽에 여러 나라 글이 씌어 있고 장식품도 가지가지 달려 있어 화려했다. 카미노를 격려하는 우리나라 글도 보이고 수술 달린 멋진 일본 장식품도 눈에 띄었다. 순례자를 배려하는 주인의 마음이 고마웠다.

아치가 있는 산타 마리아 성당을 찾아갔으나 아침 시간이라 문이 닫혀 있어서 그냥 지나쳤다. 아내는 성당 내부가 예쁘다고 들었다며 아쉬워했다.

어떤 아주머니가 아침 인사를 하며 말을 걸어왔다. 호주에서 남편과 같이 왔는데 남편은 잘 걷는 데 반해 자기는 잘 걷지 못해서, 오늘 자기는 버스를 타고 가려고 한단다. 아직 버스 시간이 안 돼서 동네를 돌아다니고 있다고 했다. 뚱뚱한 몸매를 봤을 때 충분히 그럴 만하다는 생각이 들었다. 이들 부부는 얼마나 속상할까? 이 아주머니에 비하면 아내는 얼마나 대견스러운가!

마을을 지나고 나면 사람을 만나기 어렵다. 같이 카미노를 걷는 사람도 각자 나름대로의 속도와 걷는 패턴이 있기 때문에 함께 가는 경우는 많지 않다. 길을 가다가 잠시 쉬는 동안, 우리를 앞질러 가는 사람들과 잠깐씩 인사하는 게 전부다. 지금 가는 길도 그렇다. 가끔 다른 사람들을 만나지만 서로 "부엔 카미노!" 하고 각자의 길을 간다.

지루하게 걸어 3시쯤 비아나에 도착했다. 공립 알베르게를 찾아갔다. 시에스타 시간이라 알베르게가 문을 닫지 않았을까 걱정했는데, 다행히 열려 있었다. 3층 침대 맨 아래로 배정받았다. 침대 위아래를 배정받는 것보다는 이게 더 낫다.

여기도 역시 샤워실과 화장실은 공용이다. 아내는 부지런히 빨래를 하고 탈수까지 해서 해 지기 전에 말리려고 애썼다.

저녁을 먹으러 어느 바를 갈까 헤매다가 바게트 빵 가운데를 갈라 그 사이에 다른 먹을거리를 넣은 '보카디요'를 먹어 볼 심산으로 보카디요 사진이 많이 붙어 있는 한 군데를 골라 들어갔다. 그동안 식당에서 많이 보긴 했어도 먹어 보는 것은 오늘이 처음이었다. 스페인의 전통 햄 '하몬'이 든 것은 좀 더 비싸지만, 그래도 기껏해야 3유로다. 전시되어 있는 것 중 서로 다른 종류로 2개씩 시켰는데 그런대로 맛있었다.

그동안은 주로 알베르게 식당에서 다른 순례자들과 같이 순례자 메뉴를 먹었는데, 앞으로는 8~12유로씩이나 하는 순례자 메뉴 대신에 보카디요를 먹는 것도 괜찮을 것 같다. 대신 식탁에서 다른 순례자들과 대화하는 기회가 없어질 것 같다.

알베르게 관리인에게 8시 미사가 있다는 것을 확인했다. 그런데 내 몸 상태가 영 좋지 않았다. 몸살이 날 듯 으슬으슬 추운 느낌이었다. 어젯밤에 잠을 설친 데다 오늘 30.1km나 걸어서 그런 것 같다. 거기다가 내 왼쪽 새끼발가락 위쪽이 까졌다. 아무래도 하루 30km는 무리인 것 같다. 준비해 간 종합감기약을 먹고 초저녁부터 뻗었다.

미사에는 이내만 다녀왔다. 성당에 야고보 성인 조각상이 있었는데 사진을 못 찍게 해서 그냥 왔다며 아쉬워했다. 그래도 신부님이 순례자들을 위해 별도로 강복을 주셔서 좋았다며 자랑했다.

오늘은 한국 사람을 여러 명 만났단다. 빨래를 널면서 남자 3명을 만났고, 미사 참례할 때는 모자 2명도 만났단다. 그 남자들은 우리보다 하루 먼저 생장피드포르를 출발했다고 했다. 그렇게 우리는 다른 사람들보다 하루를 앞당겨 가고 있다는 것을 알게 되었다. 숙소에 돌아와서는 하루에 40km씩 걷는다고 자랑하는 한 남자가, 여기까지 오는 중에 한국 사람을 만났다고 사진을 보여 주기도 했단다. 카미노에서 그렇게 많이 걷는 게 자랑거리가 될까 싶지만, 그래도 다들 제멋에 산다. 길에서 본 경구가 떠올랐다.

'자신의 속도를 유지하며 가는 것이 가장 좋은 속도로 가는 것이다Good speed is your speed!'

어쨌든 나는 빌빌한데 쌩쌩한 아내, 파이팅이다.

발가락 수난 시대

카미노 7일 4월 6일(수)

아침 일찍 일어났다. 어제의 몸살 기운이 없어져서 몸이 거뜬했다. 좋은 공기 속에서 걷는 게 피로 회복에 도움이 되나 보다. 하지만 발가락은 좀 부담스러웠다.

알베르게를 나와 마을 바에서 아침을 사 먹었다. 토스트 빵 작은 조각 하나에 커피 한 잔이 전부였다. 너무 부실해서 실망이다. 다음부터 아침은 사 먹지 않기로 했다.

시원한 아침 공기를 가르며 출발했다. 출발할 때는 겉옷을 입고 가다가 조금 걸으면서 땀이 날 만하면 겉옷을 벗어 배낭에 걸쳤다. 그러다가 쉴 때는 보온을 위해 다시 입었다.

길옆은 아침 이슬에 젖어 있는 풀밭이다. 그 위에 자리를 깔고 주저앉아 가지고 다니는 빵을 먹었다. 다른 순례자들이 우리를 지나쳤다. 카미노에서 시간은 곧 거리다. 내가 쉬는 만큼 다른 사람은 간다. 인생의 시간도 거리일 텐데, 카미노에서처럼 거리로 인식하기가 쉽지 않다. 여기서는 거리의 차이가 눈에 띈다. 그러나 추월당해서 거리가 떨어진다고 해서 걱정하거나 조급해 하지 않는다. 우리는 우리의 계획에 따라 우리의 길을 갈 뿐, 남을 의식해서 속도를 바꾸면 오히려 부작용이 있다는 것을 잘 안다. 인생도 그렇지 않은가?

아침에 길을 가다 보면 길 위를 기어가는 달팽이들이 많이 보인다. 자칫하면 밟을 수도 있어 발을 내려놓을 때 조심해야 한다. 둘이 나란히 기어가는 달팽이 사진을 찍었다. 사진에 미리 제목을 붙였다. '너희만 가냐? 우리도 간다!' 그들도 그들의 속도로 쉼 없이 가며 그들의 삶을 산다.

휴대 전화로 지인의 모친상 소식을 받았다. 부의금을 조치했다. 어느 책에선가는 휴대 전화를 갖고 가지 않는 것이 진정으로 카미노에 집중할 수 있다고 소개했다. 하지만 나는 카미

"너희만 가냐? 우리도 간다!" 꿋꿋한 달팽이의 모습.
삶은 자신들만의 속도로 가는 것이다.

노도 내 일상의 일부라고 본다. 휴대 전화를 통해 사람들과의 연락을 최소한 유지하는 것이 내 일상을 유지하는 길이라 생각되어 휴대 전화를 갖고 다닌다.

나바르 주를 벗어나 좋은 와인 생산지로 유명한 라 리오하 주로 들어섰다. 곧 라 리오하 주의 수도인 로그노뇨에 도착했다. 상당히 산업화된 느낌이었다. 대성당을 찾아 시내로 들어갔다. 그런데 길을 찾기가 어렵다. 출근 시간인 듯 발걸음이 바쁜 사람들에게 묻고 물었다. 마침내 높은 종탑을 보고 대성당을 찾아 안으로 들어갔다. 웅장함에 저절로 경건한 마음이 된다. 그리고 자연스레 내가 가야 하는 하느님의 길은 어떤 길인가를 생각하게 된다.

"주님, 저희가 가야 할 길을 잘 가도록 인도해 주십시오!"

대성당 앞 광장 바에서 샌드위치와 커피를 시켜 먹었다. 그동안 딱딱한 바게트 빵으로 만든 보카디요만 먹다가 처음으로 먹는 샌드위치라 그런지 부드러운 맛이 일품이었다. '까페 콘 레체'라는 커피 맛도 좋았다.

다시 길을 갔다. 로그노뇨를 벗어나면서 큰 호수를 만났다.

더위를 피할 겸 호수 옆 벤치에 앉았다. 몇몇 다른 순례자들도 쉬는 모습이 보였다. 몬하르딘에서 명상 시간에 만났던 독일 남자가 처음 보는 독일 여자와 함께 바로 옆 벤치에 앉아 있었다. 자리를 옮겨 합석했다. 우리는 과일을 꺼내고 그들은 치즈 덩어리를 썰어 서로에게 먹어 보라고 권했다. 치즈가 내 입맛에 썩 잘 맞지는 않았지만 맛있다고 말해 주었다.

독일 여자는 스틱을 오래 쓰다 보니 손에 물집이 생긴다면서 장갑 낀 우리를 부러워했다. 우리는 햇빛 방지 효과도 있다고 설명했다. 카미노에서 만나는 사람들은 누구나 서로에게 동료 의식을 느끼며 작은 도움이라도 베풀고 싶어 한다.

그들보다 먼저 일어나 숲에 난 오솔길을 따라갔다. 언덕길을 올라가다 보니 양옆으로 철망이 쳐져 있는 길을 만났다.

순례자들은 주위에 있는 나무 조각이나 풀 줄기를 꺾어 십자가를 만든 후 그 철망에 끼워 달고는 각자의 소원을 빌고 갔나. 그러다 보니 길 양쪽으로 길게 세워진 철망에는 갖가지 모양으로 만든 크고 작은 십자가가 가득했다. 아내도 조그만 십자가를 만들어 철망에 끼워 달았다.

"무슨 소원을 빌었는데?"

"세계 평화를 빌있어요."

"하하! 당신 정말 꿈도 야무지네?"

사실 십자가란 그 안에 지독히 처절한 고통을 담고 있는 극도로 잔인한 도구 아닌가? 그런 도구가 누구나 소원을 비는 대상으로 인식되는 것은 바로 예수님의 희생 때문이 아닐까?

그렇게 보면 예수님은 십자가에서 희생되셨지만, 결국은 십자가를 도구로 모든 사람의 소원을 받아 주시는 구원을 실행한 것에는 성공하신 것이리라.

오늘의 목적지 나바레테에 일찌감치 도착했다. 알베르게는 아직 문을 열지 않았다. 먼저 온 사람들이 세워 놓은 줄 뒤에 배낭을 내려놓았다. 사람들은 문 열기를 기다리는 동안 바에서 음료를 마시거나 그냥 쉬며 잡담을 즐겼다. 곧 알베르게 문이 열렸다. 그런데 우리 앞에 있는 배낭 주인들이 나타나지 않았다. 그래서 먼저 등록하려는데 노부부인 듯 보이는 배낭 주인들이 막 들어왔다. 당연히 먼저 등록하라고 양보하는데 도리어 그 사람들이 우리에게 먼저 등록하라고 했다. 만일 내가 순서를 놓쳤다면 저렇게 양보할 수 있었을까? 그뿐만이 아니었다. 나와는 의사소통이 안 되는 상황에서도 내 발가락 물집이 터진 모습을 보고는 안타까워하며, 소독하라면서 가지고 있는 알코올을 건네주었다.

조금 손해를 보더라도 다른 사람들을 배려하는 이들의 모습을 보며 여러 가지를 배우게 된다. 나는 언제쯤 저런 경지에 이를 수 있을까?

양쪽 새끼발가락 아래쪽으로 물집이 크게 생겨 터졌다. 그동안 발가락을 반창고로 감싸 붙이고 있어서 괜찮을 거라고만 생각하고 발가락 상태에 주의를 소홀히 한 탓인 것 같다.

걸을 때는 통증이 심했다. 절룩거리며 걸을 수밖에 없었다. 마을 병원을 찾아갔다. 문이 닫혀 있어 초인종을 누르니 간호사가 나왔다. 서툰 영어로 의사 선생님은 저녁 6시나 되어야 오신다고 했다.

시간에 맞춰 다시 병원에 가서 의사 선생님을 만났다. 의사 선생님은 물집이 터진 부위를 소독하고 거즈로 발가락을 감싸며 물었다.

"언제부터 아프셨어요?"

"오늘이요."

"며칠 쉬셔야 되겠는데요."

"서는 가야 되는데요."

"며칠이나 더 가셔야 하죠?"

"25일에서 30일 정도 남았습니다."

의사 선생님은 길게 한숨을 지으며 기가 막힌다는 표정을 지었다.

"오늘 병원에서 한 것처럼 매일 샤워한 후에 소독하고 거즈를 붙이세요."

"죄송하지만, 약국에서 알아볼 수 있게 소독약과 거즈를 스페인어로 좀 써 주시겠어요?"

"그러지요."

"그런데 얼마예요?"

"순례자들은 무료입니다."

병원에서 적어 준 메모를 보여 주고 산
소독약과 거즈, 반창고.

"아, 그렇군요. 감사합니다."

바로 약국을 찾아 병원에서 써 준 메모를 보여 주고 소독약과 거즈를 샀다.

알베르게에 돌아와 아내에게 경과를

알려 주었다. 걱정스러운 눈빛이 역력했다.

오늘은 특식을 먹을 수 있었다. 알베르게에 인덕션, 그릇, 주방 용구, 테이블 등이 제대로 갖춰진 주방이 있었기 때문이다. 아내는 주방 시설을 보고는 신이 나서, 가지고 다니던 즉석 북어국 봉투를 뜯어 물을 붓고는 라면 스프와 마을 슈퍼에서 산 감자, 양파를 썰어 넣고 북어국을 끓였다. 그야말로 국물 맛이 끝내주었다. 얼마나 그리던 국물 맛이었던가? 옆에서 식사하는 우리나라 사람들에게도 조금 나누어 주었다. 와인도 한 병 따서 마셨다.

오늘도 미사 참례는 해야 한다는 생각에 알베르게에서 미사 시간을 확인하고 마을 성당으로 갔다. 그런데 시간이 지나도 문을 열 기미가 보이지 않았다. 성당 앞 공원에서 축구하는 아이들에게 몸짓으로 성당 문 안 여느냐고 물어보았지만 의사소통이 잘 되지 않았다. 서운함을 안고 그냥 돌아왔다.

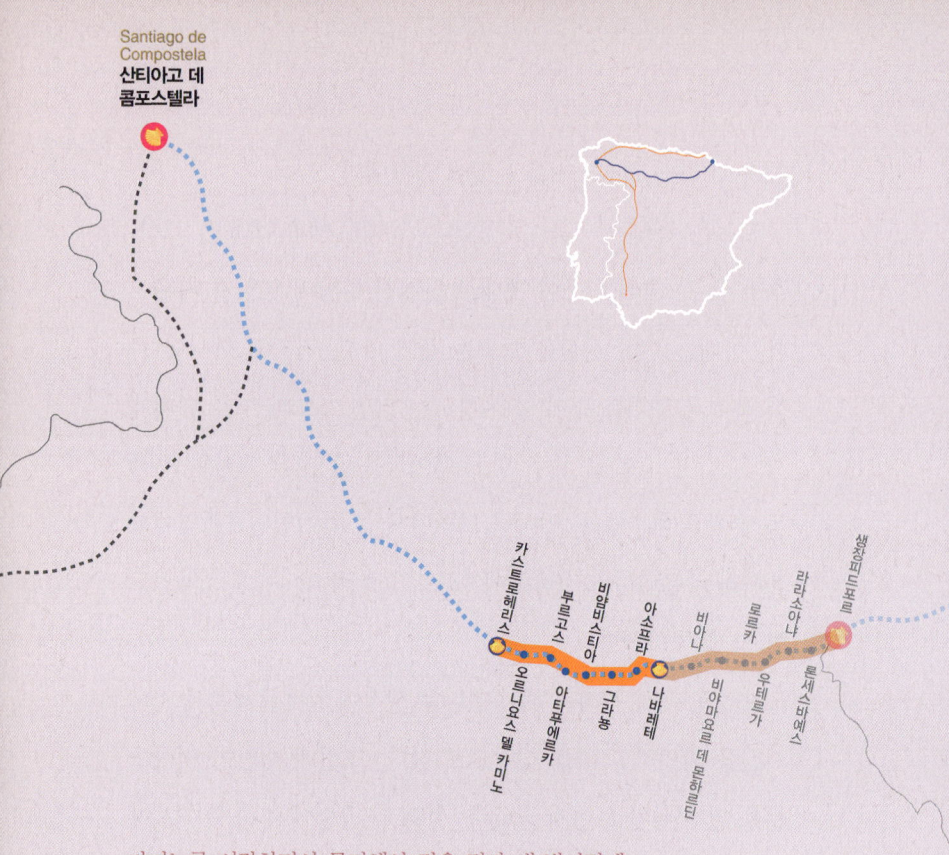

카미노를 시작하면서 무리해서 걸은 결과 내 발가락에 물집이 생겨 터지면서 육체적으로 고통스러운 시기를 맞는다. 그러나 오히려 그런 육체적인 고통 속에서 부부 사랑을 확인하게 된다. 그뿐만 아니라 고통은 전체 중에서 일부에 지나지 않는다는 깨달음을 통해 고통을 극복하는 방법을 터득하고 고통도 인생의 한 부분이라는 교훈을 얻는다.

소울메이트의 길

애처로워하는 아내의 눈빛

카미노 8일 4월 7일 (목)

아직 어두웠지만 출발했다. 여기서도 우리나라 사람들이 제일 부지런하다. 어제 같이 묵은 한국 남자 두 명과 우리가 제일 먼저 움직였다. 우리가 앞서 출발했다.

발에 통증이 심해서 절룩거렸다. 서다가 움직일 때는 더욱 고통이 심했다. 그러나 그 고통을 참고 조금만 가면 통증이 무뎌지면서 걷는 데 큰 지장을 주지 않을 정도가 되었다. 그래서 계속 길을 갈 수 있었다.

오늘도 상쾌한 아침 들길을 걸어갔다. 아직은 새싹이 나지 않은 포도밭 가운데를 지나는데 갑자기 약 20m 앞에서 멧돼지 한 마리가 우리 앞을 가로질러 갔다. 나는 쫓아 버릴 심산으로 큰 소리를 쳐 댔다. 그러자 아내가 질겁해서 나를 붙잡으며 말했다.

"그러다 달려들면 어쩌려고요?"

멧돼지는 순식간에 포도밭 고랑을 지나 왼쪽 덤불 속으로 사라졌다. 생전 처음, 그것도 바로 눈앞에서 보았던 것이다. 놀란 가슴을 쓸어내렸다.

"우리 카미노를 반기는 동물들도 정말 가지가지야!"

우리는 그동안 많은 동물들을 만났다. 피레네 산맥의 독수리, 우리가 이름 붙인 '삐비비요 새', 목장의 말과 양, 제 길을 가는 달팽이에다가 이제는 멧돼지까지. 자연 속에 있음을 느꼈다.

벤토사에서 잠시 쉬기 위해, 가던 길에서 벗어나 마을로 들어섰다. 아직 이른 아침이라 바도 문을 열지 않았다. 의자에 앉아 과일을 먹으며 잠시 쉬었다. 그러는 사이 지금까지 앞서거니 뒤서거니 했던 한국 남자들이 우리를 앞서 갔다. 다시 길을 가는데 어제부터 엉성하게 배낭을 메고 힘든 모습으로 걷던 네덜란드인 K 씨가 길가에 앉아 쉬는 모습이 보였다.

"부엔 카미노!"

인사를 하고 우리는 다시 갈 길을 갔다.

책에서 본 '롤단의 언덕'이 나타났다. 다윗이 골리앗을 물리친 것과 흡사하게 롤단이라는 사람이 무슬림 거인을 물리치고 그리스도 기사단을 구한 후 마을을 해방시킨 전설이 있어서 기대를 갖고 갔는데, 막상 도착해 보니 다른 언덕과 다를 바가 없는 수수한 모습에 안내판 하나만 덜렁 있었다.

오후의 뜨거운 햇볕 속에서 들길을 걸었다. 지금까지 우리를 반겨 주던 '삐비비요 새' 소리는 이제 들리지 않는다. 대신 우리가 가는 길 바로 앞에서 팔짝팔짝 뛰듯이 날아다니며 울다가, 길옆 나뭇가지에 앉거나 풀숲 속으로 쏙 날아 들어가 예쁘게 울어 대는 다른 새소리가 유난히 정겹게 들린다. 우리는 그 새에게 '쪼로록 새'라고 이름을 붙였다. 새들도 저마다 사는 지역이 다른 것 같다.

과거 나바르 왕국의 수도였다는 나헤라에 도착했다. 마을 골목 안쪽 구석에 있어서 겨우 찾아낸 관광 안내소를 통해 몇 가지 정보를 얻고는 '신디 미리이 데 리 래알 수도원'을 찾아갔다. 수도원 안에 성당이 있는데 그 성당 안쪽에는 '로얄 판테온'이 있었다. 여러 왕과 왕비 외에 나바르 기사단이 묻혀 있는 곳이란다. 돌로 만든 관들이 보였다. 관 주위의 조각들이 정교하기 그지없었다. 특히 도냐 블랑카 왕비 관의 조각이 아름다웠다. 옆에 있는 안내판을 보며 이 왕비는 아기를 낳다가 죽었다고 아내에게 얘기해 주었다. 성당 안의 무덤, 그것도 그 시대에 가장 높은 지위에 있던 사람들의 무덤을 보며 결국 종교는 죽음을 극복하지 못하는 인간의 마지막 안식처로, 필연적으로 있어야 하는 것이라는 생각을 해 본다.

점심으로 먹은 토르티야.

광장 옆 바에서 점심을 먹었다. 메뉴판에 영어로 오믈렛 omelet이라고 씌어 있기에 시켰다. 감자를 으깨서 버무린 요리인데 여기에서는 '토르티야'라고 한다. 별맛 못 느끼고 그냥 먹었다.

우리가 이곳으로 떠나올 때 아버지는 병원에서 간 검진을 받고 결과를 기다리던 중이었다. 어제는 그 결과가 나오기로 예정된 날이었다. 결과가 궁금해 집에 전화를 드렸다. 다행히 아무 이상이 없다며 좋아하셨다. 정말 다행이다.

부모님이 건강하시지 않았다면 이런 여정을 시작할 엄두도 내지 못했을 것이다. 부모님께 감사하는 마음을 되새긴다.

다시 땡볕 길을 갔다. 책에는 소나무 숲길이라고 소개되어 있는데 햇볕을 가릴 수 있는 길이 아니라 실망스러웠다. 아소프라에 도착해 알베르게를 찾아갔다. 우리 앞에 있는 두 사람이 2인 1실을 배정받았다. 시간이 늦어서 혹시라도 좋은 방을 배정받지 못할까 싶어, 우리에게도 좋은 방을 달라고 부탁했더니 그러겠다고 했다. 잘됐다며 좋아했는데, 나중에 보니 이 알베르게는 모든 방이 단층 침대가 있는 2인 1실이었다.

이내는 공용 샤워실에서 몸을 씻고 난 후 어김없이 빨래를 했다. 가지고 간 옷은 입고 있는 것을 포함해서 겉옷 2벌과 속옷 3벌씩이라, 매일 빨래해서 그날 다 말려야 다음 날 입을 수 있었다.

이 알베르게 안뜰에는 분수가 있는 정원이 있었다. 먼저 온 순례자들이 의자에서 책도 보고, 끼리끼리 모여 얘기도 했다. 우리도 햇볕에 빨래를 널고 나서 의자를 끌어다가 그늘에 앉았다. 옆에서 책을 읽고 있던 여자가 말을 걸어 왔다.

"어디서 오셨어요?"

"남한에서 왔습니다."

그동안 이런 질문을 받으면 "한국에서 왔어요."라고 대답하곤 했는데, 그때마다 "남한이요? 북한이요?"라고 다시 물어서 이제는 아예 처음부터 "남한에서 왔습니다."라고 대답한다.

"덥죠?"

"예, 그러네요."

"정말 더울 때는 40도까지 올라갑니다. 그런 더위에도 카미노를 걷는 사람들이 있답니다."

어떤 사람은 카미노가 마약과도 같다고 했다. 한 번 와 보면 다시 안 올 수가 없어서 짧은 구간이라도 계속해서 매년 오게 된단다. 도대체 카미노의 무엇이 이들을 오도록 이끄는 걸까?

밖으로 나가 마을을 돌며 언제나처럼 성당을 먼저 찾았다. 성당 문은 닫혀 있고 미사도 없단다. 작은 마을은 주일 말고는 미사가 없는 곳이 대부분이었다. 아쉬운 마음이 든다.

아내가 알베르게 시설을 둘러보고는, 주방이 있기는 한데 지저분하다며 밖에서 사 먹자고 했다. 그래서 마을 식당에서 다시 '순례자 메뉴'를 시켰는데, 어디서나 천편일률적인 식단이 이제는 싫다. 겨우 먹었다.

숙소로 일찍 돌아와 방에서 발가락을 다시 보았다. 진물이 나왔다. 점점 심해지는 듯하다. 작은 마을에는 병원도 없다. 다시 소독하고 거즈로 발가락을 돌려 감고 참는 수밖에 방법이 없다.

아내는 절룩거리며 돌아다니는 내가 힘들어 보이나 보다. 내 발을 치료하며 애처로워하는 아내 눈빛에서 진한 사랑을 읽었다. 준비해 간 소염제를 먹고 잤다.

진리와 신앙을 이야기하다

카미노 9일 4월 8일(금)

아무리 발가락이 아파도 갈 길은 가야 한다. 다만 너무 많이 걷는 것은 피하고자 걷는 거리를 20km 남짓으로 정했다. 출발 전에 다시 한 번 발가락을 소독했다.

아직 새싹이 돋지 않아 썰렁한 포도밭길보다는 새싹이 한껏 올라와 푸르른 밀밭길을 가는 게 훨씬 싱그럽게 느껴진다.

길이 평탄해서 가기도 쉽다. 쉬었다가 가면 발이 더 아프니까 가능하면 많이 가서 쉬자며 나는 오히려 속도를 내었다. 이곳에 오기 전 훈련할 때부터 아내는 빨리 걷거나 언덕을 올라

갈 때 힘들어 했다. 특히 언덕길을 힘들어 했다. 그런데 오늘은 잘도 간다. 평소 같으면 이 정도 속력에서 힘들어 했을 텐데 오늘은 끄떡 없다. 가끔 넘어야 하는 언덕길에서도 거침이 없다. 내가 아프니까 자신은 잘 견뎌야 한다는 생각에 힘을 더 내지 않나 싶었다. 이것도 사랑의 힘인가? 아니면 그새 걷는 실력이 늘었나? 약 10km를 2시간 남짓에 갔다.

햇빛에 물결치듯 반짝이는 밀밭이 참 아름답다.

산토 도밍고 데 칼사다에 도착했다. 마을 이름을 '도미니코 성인Santo Domingo'의 이름을 따서 지었다. 도미니코 성인은, 순례자들이 마을을 가로지르는 오하 강을 쉽게 건너도록 다리를 만들었고, 병원과 편의 시설을 세웠는가 하면, 성모 마리아를 기리는 성당을 세우는 등 평생에 걸쳐 많은 업적을 남겼다고 한다.

대성당을 찾아갔다. 정교하게 조각된 성가대석 외에도 성인의 조각상과 함께 있는 성인의 지하 무덤에서 경건함을 느꼈다. 대성당의 성인 무덤 위쪽에는 살아서 울어 대는 수탉과 암탉을 가둔 방이 있다. 이에 관한 전설이 있다.

옛날에 도미니코 성인을 존경하는 부부와 그들의 아들이 카미노를 가는 중에 이곳에서 머물렀는데, 그들이 머무는 숙소에 살던 처녀가 그 아들을 사랑하게 되었다. 그러나 그 아들은 그 처녀의 사랑을 거부하고 다시 카미노에 갔다. 그 처녀는 화가 나서 미리 그 아들의 짐에 은잔을 몰래 집어넣고는 그 아들이 그 은잔을 훔쳐 갔다고 관가에 고발했다. 그 당시 남의 물건을 훔치는 죄는 교수형이었기 때문에, 그 아들은 결국 도둑으로 몰려 잡혀와 교수형을 당했다. 그래도 부부는 산티아고 순례길을 끝까지 걸었다. 순례를 마친 부부는 돌아오면서 교수대에 있는 아들의 시신이라도 찾겠다고 이 마을에 다시 들 렀는데, 신기하게도 그때까지 죽지 않고 살아 있는 아들의 목소리를 들을 수 있었다. 그들은 도미니코 성인의 도움으로 기적이 일어났다고 믿었다. 부부는 관가에 가서 마을 수령에게 그 사실을 얘기하고 무고한 아들을 풀어 주기를 청원했다. 마을 수령은 그때 마침 닭을 막 먹으려는 참이었는데, 부부의 아들이 살아 있다는 얘기를 듣고는 있을 수 없는 일이라며 만일 그 말이 사실이라면 지금 자신이 먹으려는 닭이 살아날 것이라고 얘기했다. 그러자 죽어 있던 닭이 갑자기 살아나 접시 위에서 뛰어다니는 기적이 일어났다. 그래서 마을 수령은 그 아들을 풀어 주었고 세 식구는 모두 살아 돌아갈 수 있게 되었다. 그 후부터 이 대성당 안에 도미니코 성인의 기적으로 여겨지는 닭의 생환을 기리기 위해 살아 있는 닭을 두게 되었단다.

출구로 나오면서 한구석에 겨우 한 사람만 지나길 수 있을 정도로 좁은 계단을 발견했다. 뭔가 싶어 부랴부랴 올라갔더니 지붕으로 올라가는 계단이었다. 마침 아래에서는 잘 볼 수 없었던 맞은편에 있는 종탑이 아주 가까이 보였다. 이 종탑은, 성당을 신축한 이후에 별도로 건축한 것이라는데, 조각이 징

교해 감탄이 저절로 나온다.

이 마을 외곽을 둘러쌌던 성곽도 둘러보았다. 14세기에 지었단다. 과거의 유물 상당수가 원형을 유지한 채 곳곳에 남아 있었다. 그러나 유적을 관리하는 정성은 많이 부족하다는 느낌이 들었다. 유적 곳곳에 잡초가 나 있고, 주위에 쓰레기가 널려 있으며, 아무나 쉽게 접근해서 유적을 훼손할 수도 있어 보였다. 유적 관리를 위해 보완할 점이 많아 보였다.

마을을 떠나기 전에 식당에서 점심을 먹었다. 역시 가격에 비해 메뉴가 다양하지 않고 맛도 떨어졌다. 그뿐만 아니라 음식을 기다리는 시간이 있다 보니 땡볕에 가는 시간이 그만큼 길어진다. 그래서 다음부터는 식당에서 점심을 먹지 않고 숙소를 먼저 정한 다음에 점심을 먹거나, 시간이 맞지 않으면 점심거리를 미리 사서 길에서 쉬면서 간단히 먹기로 했다. 그것이 점점 뜨거워지는 햇볕을 받으며 가는 시간과 경비를 줄이는 방법이라 여겨졌다.

산토 도밍고를 떠나 그라뇽으로 향했다. 마지막 약 6km 길. 오후가 되니 아픈 발로 아스팔트 길을 걷기가 더 힘들었다. 아내도 이제 힘이 드는 모양이었다. 마을이 바로 눈앞에 보이는데도, 가는 길이 똑바르지 않고 꼬불꼬불해서 한참을 돌아가야 한다며 불평했다. 몸이 힘들면 감정이 예민해진다. 그래서 몸이 힘들수록 상대방의 기분이 상하지 않게 조심해야 한다. 우리는 그런 사실을 훈련할 때부터 알았고, 지금은 서로 조심할 줄 안다.

그라뇽 알베르게에 도착했다. 교구에서 운영하는 순례자 숙소가 성당 건물 안에 있었다. 이곳의 이름은 알베르게가 아니라 '오스피탈Hospital'이다. 자원 봉사자들이 15일씩 교대로 머문다. 건물 2층과 4층에 얇은 매트리스를 40장 정도 깔아놓고 순례자들을 받는다. 3층은 봉사자들이 쓴다.

시설이 그리 좋은 것은 아니었다. 샤워실을 겸한 화장실도 남자용 1개, 여자용 1개로 두 개뿐이고, 세탁기가 있기는 한데 고장이란다. 게다가 빨래를 밖에 널면 마을 사람들에게 방해가 된다며 지붕 바로 밑 응달 구석에 널란다. 나는 순서를 기다려 겨우 샤워한 후 발을 소독하고, 아내는 손빨래를 해서 빨래를 널었다. 하지만 잘 마를까 걱정이었다.

7시에 미사가 있단다. 그때까지 여유가 있어 밖에 있는 정원의 잔디밭으로 쉬러 나갔다. 내가 잔디에 앉자 아내가 내 무릎을 베고 누웠다. 여유롭고 행복한 시간이었다.

길에서 가끔 만나 가벼운 인사만 했던 네덜란드 사람 K 씨가 옆에서 무언가를 열심히 썼다. 궁금해서 슬쩍 말을 붙여 보았다.

"뭐를 그렇게 열심히 쓰세요?"

"글을 쓰고 있는 중입니다."

"글이요? 제목이 뭔데요?"

"삶의 여정The journey of life 정도의 제목이 될 겁니다."

K 씨는 올해 62세란다. 카미노를 걷기에는 무리가 아닐까 싶을 정도로 뚱뚱하다. 이번 카미노의 목적이 첫째는 글을 쓰는 데 필요한 영감을 얻고, 둘째는 이렇게 나를 만나 얘기하듯이 다양하고 많은 사람들을 만나 그들과 생각을 공유하고 나누면서 자신을 돌아보며, 마지막으로 자신의 체중을 15kg 정도 줄이기 위한 것이라고 했다.

나는 아직까지 내 머릿속을 떠나지 않고 맴도는 단어를 꺼냈다.

"저는 카미노 중에 '진리'라는 단어를 계속 생각해 오고 있는데, 어떻게 생각하세요?"

"사실만이 진리일 수 있다고 봅니다. 사실이 아닌 것은 알 수 없는 것이기 때문이죠."

마침 앞에 청소부가 지나가자 K 씨가 그 청소부를 보고 계속 얘기했다.

"'저기 청소하는 사람이 휴지통을 비운다'는 것이 진리일까요, 아닐까요?"

"글쎄요. 무슨 말씀이신지요?"

"만일 저 청소부가 휴지통을 비운다면 그것은 진리이고, 비우지 않고 그냥 간다면 진리가 아니라는 것입니다."

"제 생각은 좀 다릅니다. 진리는 '사실이냐, 아니냐?' 하는 것과는 차원이 다르다고 생각합니다. 더구나 저처럼 신앙을 가지고 있는 사람들은 절대자 즉 신이 곧 진리라고 생각하는데요."

"신이요? 신을 믿을 수 있다고 생각합니까? 나는 지금 개신교 신자이지만 과거에 제가 아끼던 사람이 불의의 사고로 갑자기 죽는, 아픈 경험을 한 후로는 신을 믿을 수가 없습니다. 신이 있다면 어떻게 그런 일을 방관하실 수 있는지를 지금도 이해할 수 없습니다."

"하지만 인간은 신을 평가해서 믿고 안 믿고 할 수 있는 존재가 아니지 않습니까? 신은 절대자로 원래부터 존재하고 인간은 그 '절대자'를 벗어날 수 없는 한계를 갖고 있으니까요.

인간은 그 신이 올바르기 때문이 아니라 그냥 믿을 수밖에 없기 때문에 믿는 것 아닌가요?"

"혹시 스티븐 코비의 《성공하는 사람들의 7가지 습관》이란 책을 읽어 봤나요?"

"예, 오래전에 읽어 봤습니다. 첫 번째로 강조하는 게 '주도적으로 행동하라.'였던 것 같습니다만……."

"그렇지요. 그런데 그 습관들 즉 제대로 된 삶을 살아가는 방법 속에 신앙과 관련된 내용은 하나도 없다는 것을 알고 계세요?"

"그런가요? 그런데 신앙은 사는 방법에 관한 것만이라기보다는 존재 즉 삶 자체에 관한 내용까지도 포함하고 있다고 봐야 하지 않을까요?"

내용이 점점 깊어질수록 영어 구사도 어려워졌다. 더구나 서로의 의견이 좁혀질 것 같지도 않았다.

아내는 용케 잘 견디며 계속 내 무릎을 베고 있었다. 나는 피레네 산맥을 넘을 때 아내가 따서 보관하고 있던 네 잎 클로버를 K 씨에게 건넸다.

"코리언 블레싱Korean blessing!"이라면서 엄청 좋아한다. 그러면서 아내에 관해 물었다.

"부인이 혹시 학교 선생님 아니셨어요?"

"아뇨, 그냥 주부에 지나지 않습니다."

"그냥 주부에 지나지 않다니요. 주부가 얼마나 고귀한 직업인데요. 우리 아내가 이 얘기 들었으면 당신은 우리 아내한테 한참 훈계를 들었을 거요."

"아이구, 제가 잘못 생각했습니다. 앞으로 주부님으로 귀하게 모시겠습니다. 하하하! 그나저나 저녁 미사에는 참석하십니까?"

"네, 갈 겁니다. 저는 거기서 혹시라도 글을 쓰는 데 필요한 영감을 얻을 수 있지 않을까 하는 의도를 갖고 갑니다."

시간이 되어 저녁 미사에 참석했다. 신부님께서는 미사에 참석한 순례자들을 위해 특별히 강복해 주셨다. 감사함과 함께 평화로움을 느꼈다.

저 뒤에 앉아 있는 K 씨 모습이 보였다. 나중에 들었는데, 지기는 미사에서 말도 잘 못 알아들었고 영감도 얻을 수 없었다고 했다.

저녁 식사 시간, 'ㄷ'자로 만들어진 테이블에 약 30명이 모였다. 어제 저녁에 여기에 묵은 사람들이 기부한 돈으로 준비했단다. 여기는 숙소 비용을 기부받는 형식을 취한다. 오늘 우리가 기부한 돈은 내일 묵는 순례자들에게 쓰인단다. 음식은 찐 감자, 샐러드, 수프, 갓 구운 빵 그리고 와인과 물인데, 솜씨는 거칠지만 배가 고파서 그런지 맛있었다. 아내도 다행히 잘 먹었다.

다양한 나라, 다양한 민족, 다양한 피부색과 얼굴 모양으로 제각각 생각하며 떠들어 대는 모습이 재미있다. 나는 옆에 있는 또 다른 네덜란드 사람에게 엉뚱한 질문을 했다. 평소 내가 궁금해 하던 것이다.

"연리지 나무가 서로 가지를 뻗어 만나는 데까지 시간이 얼마나 걸리는지 혹시 아세요?

"글쎄요. 6년 정도 걸릴 것 같은데요."

부부 사랑을 상징하는 듯한 연리지 나무에 점점 애착이 갔다. 가능하면 씨앗을 구해 우리나라에서도 키워 보고 싶다.

스페인 사람 한 명이 긴 꼭지가 달린 병에 와인을 담고는, 그 꼭지를 통해 와인이 뻗어 나오게 하여 병에 입을 대지 않고 마시는 주법을 선보였다. 그러고는 스페인 주법이라며 몇 사람을 골라 돌아가며 마시게 했다. 갈수록 흥겨워지지만 나는 발가락 상처에 난 염증이 걱정되서, 아쉽지만 와인을 마시지 않고 참았다.

여기서도 자기 전에 명상 시간을 갖는다기에 나는 또 참여했다. 참석자는 총 10여 명이었다. 숙소를 '오스피탈'이라 한 것은, 이런 명상 시간을 통해 각자의 정신을 치유할 수 있다고 보아 그 치유의 의미를 담기 위함이란다.

명상은 큰 촛불 하나를 돌려 가며 각자 하고 싶은 얘기를 자신들의 언어로 하는 방식이었다. 자기 자신을 찾고자 온 사람, 은퇴 후 갈 길을 정리하기 위해 온 사람, 그냥 와서 매일 새로운 경험을 하며 종전과는 전혀 다른 색다른 즐거움을 느낀다는 사람, 여러 사람을 만나면서 자신을 그들과 비교해 되돌아볼 수 있어 좋다는 사람, 스페인어나 불어로 말하며 무슨 말인지 못 알아듣게 하는 사람 등 다양했다. 나도 우리말로 하겠다고 말한 후 촛불을 들고 기도했다.

"지금까지 우리 부부를 건강하게 이끌어 주신 하느님께 감사드립니다. 저를 알고 있고 저를 위해 기도하는 모든 분들과, 제가 아는 모든 분들에게 하느님의 은총이 내리기를 빕니다."

네 잎 클로버 여인

카미노 10일 4월 9일(토)

자고 있는 사람들에게 시끄럽지 않도록 조심해 달라는 알베르게 봉사자의 부탁이 있었던 터라, 조금 늦게 일어났다. 발을 소독하고 출발 준비를 하다 보니 남들보다 늦어졌다. 어제 저녁 먹은 곳에서 빵에 잼을 발라 커피와 함께 간단히 아침 식사를 할 수 있도록 배려한 봉사자들이 고맙다.

평소보다 1시간 이상 늦게 출발했다. 어제 같이 식사하며 얘기했던 사람들은 벌써 떠났다. 앞으로 그 사람들을 다시 못 만날 수도 있다. 그리 생각하니 '어제 만난 그 순간이 서로에게 정말 소중한 순간이었구나.'라는 생각과 함께 순간의 만남이 참 중요하다고 느끼게 되었다. '옷깃만 스쳐도 인연'이라는 불가의 가르침이 실감났다.

사람의 만남이 얼마나 소중한 것인가? 대부분의 사람들이 잠시 만나고 헤어지는데 그동안 그 잠시의 소중함을 얼마나 무시했던가? 내 삶에서 사람에 대한 비중을 더 크게 두어야겠다고 다짐한다.

날씨가 무척 좋다. 맑은 날의 연속이다. 지금까지 카미노를 걸으면서 로르카에 가는 중에 살짝 내린 것 말고는 비가 온 적이 없어서 걷기에는 정말 좋았다. 발이 아픈 내게는 큰 도움이었다.

아침에는 속도를 내기 좋다. 전날의 피로를 풀고 난 후라 힘도 있고 햇볕도 강하지 않아서다. 그래서 오늘도 속도를 냈다. 곧 주 경계를 넘어 카스티야 이 레온 주에 들어왔다.

주에서 비교적 큰 마을인 벨로라도에 들어갔다. 우선 관광안내소를 찾았다. 안내 책자를 찾았더니 주 전체를 소개하는 책을 주었다. 카미노 중에 만나게 되는 각각의 마을들에 대해 소개하는 자료로, 다른 주에서는 구할 수 없었던 것이다. 참고

가 될 것 같다.

발 치료에 쓸 거즈를 다 사용한 터라 약국 위치를 물었더니 친절히 가르쳐 주었다. 거즈를 산 후 잡화상에 들러 목이 짧은 스타킹을 사서 양말 위에 덧신었다. 발이 미끄러지는 효과 때문에 발가락에 충격이 덜하다는 얘기를 들었다는 아내의 충고를 듣기 위해서였다. 그러나 내게는 별 효과가 없었다.

내 발을 생각하며 토산토스에 머물까 하다가, 시간적으로 여유가 있어 조금 더 가서 비얌비스티아에서 머물기로 했다. 더 갈 수도 있지만, 다음 마을 알베르게는 열 명만 숙박이 가능하다고 책에 소개되어 있어서 그만 가기로 했다. 알베르게가 문을 닫았거나 인원이 다 차면 더 갈 수밖에 없는데, 그러면 성치 않은 내 발에 무리가 되겠다는 걱정이 들어서였.

식당을 겸하는 알베르게에 들어가 보니 우리 앞에 겨우 한 사람뿐이었다. 상투적인 말투로 자기가 하고 싶은 말만 하는 주인아주머니의 안내에 따라 신발을 벗고 건물 2층에 있는 침실로 가서, 2층 침대 아래 칸에서 나란히 잘 수 있는 자리를 골랐다.

새로 지은 건물인 듯 대체로 깨끗하고 시설도 잘 구비되어 있었다. 샤워와 빨래를 일찌감치 마쳐서 빨래 말릴 걱정도 없고, 땀에 찌든 배낭을 햇볕이 잘 드는 베란다에 내다 말릴 수 도 있어서 좋다.

시간이 남아 마을 성당을 찾아 미사 시간을 물어보니 미사 가 없단다. 미사 참례를 하려면 큰 마을로 가야 한다고 해서 할 수 없이 성당 주위 벤치에 앉아서 잠시 휴식을 취했다.

주위를 보니 클로버 밭이다. 아내는 또 네 잎 클로버를 찾기 시작하더니 어느새 대여섯 개를 땄다. 그렇게 찾기 쉬운가 싶 어 나도 찾기 시작했다. 나도 몇 개를 찾았다. 생전 처음 따 보 는 네 잎 클로버였다. 잘 펴서 책갈피에 보관했다.

아내가 열심히 딴 네 잎 클로버. 사람들에게 행운을 주기 위한 것이라 더 귀하다.

숙소로 돌아와 보니 그새 침실에 사람이 많이 들었다. 지금까지 만났던 사람들은 안 보였다. 대체로 스페인 사람들이었다. 그 가운데 한 남자에게 인사를 하며 발 물집 얘기를 했더니, 자기도 우리처럼 생장피드포르에서부터 걸었다면서 아무 상처 없이 성한 발을 보여 주며 요령을 가르쳐 주었다. 신발이 발보다 커야 신발과 발의 접촉을 줄일 수 있단다. 그래서 자기는 발 사이즈가 42지만 44사이즈의 신발을 신는단다. 그래야 내리막길에서도 신발과 발의 접촉을 줄일 수 있다고 한다.

그러고 보니 아내도 발보다 훨씬 큰 신발을 신고 있고 신발 끈도 느슨하게 매고 다니는데 물집이 안 생기는 걸 보면 그 말이 맞나 보다. 그래서 나도 그동안 충격을 줄이기 위해 신발 바닥에 깔았던 깔창을 빼내고 신발 끈도 발목 아래쪽으로는 느슨하게 풀어 보기로 했다. 그렇게 하면 발이 닿는 부위의 신발 면적이 넓어져 발가락과의 마찰을 줄일 수 있을 것 같아서였다. 훈련하면서 터득하지 못한 물집 방지 신발 신는 법을 이제야 알았다. 어떤 사람에게든지 배울 게 있기 마련이다.

그는 발을 찬물에 담그는 것도 발의 피로를 푸는 좋은 방법이라며, 이 지역 물이 아주 좋으니 밖에 있는 연못에 발을 담가 보라고 권했다.

그 말에 우리는 다시 밖으로 나왔다. 나는 발가락에 거즈를 감고 있어서 못하고, 아내는 발바닥이 아픈 듯하다며 고여 있는 물에 발을 담갔다. 그런데 이게 웬일! 잠시 후에 물에 닿은 발목 부위가 갑자기 벌게졌다. 얼른 깨끗한 물로 씻으니 괜찮았다. 너무 오래 고여 있던 물이라 오염된 듯했다.

저녁 식사 전에 마을 촌장이 순례자들에게 보여 줄 것이 있으니 모이라고 했다고 해서 갔다. 촌장은 순례자들을 데리고 가서 마을에 있는 문화재들을 보여 주었다.

과거에 순례자들을 위한 자선 병원이었던 건물 잔해를 설명하며 오랜 역사를 가진 마을이라고 소개했다. 또 동네 입구에 있는 보기에는 별 거 아닌 듯한 식수대를 가리키며 열심히 설명했다. 카미노에 있는 식수대 설비 중 8각으로 되어 있는 보기 드문 곳이라고 자랑했다. 아까 그 신발 선생님이 통역해 줘서 대강만 겨우 알았다. 어쨌든 열심히 하려는 촌장의 의지가 돋보였다.

나중에 들어 보니, 마을에 순례자들을 머물게 함으로써 마을도 알리고 마을 수입도 늘리려는 촌장의 의지로 알베르게가 생기게 되었단다. 어디서나 지도자의 의지가 현재는 물론 미래까지 그 집단의 생활 수준과 가치관을 결정하는 중요한 요소인 것이다. 그래서 지도자는 중요하다.

　마을 이곳저곳을 끌고 다닌 촌장 덕분에 저녁 식사 시간이 늦어졌다. 동네 사람들이 바에 모여 수다를 떠는 중에 우리도 저녁을 먹었다. 평상시와는 다르게, 술이 담긴 작은 잔이 접시 옆에 한 잔씩 놓여 있었다. 뭔지 물었더니 다른 방에서 식사하던 신발 선생님이 특별히 우리를 위해 사는 독한 술이란다. 30도짜리 사케라고 소개하면서 이곳에서는 '츄피또Txupito'라고 하는데, 갈리시아 지방에서는 40도로 더 독하고 이름도 '오루호Orujo'라고 한단다. 거기 가서 마셔 볼 기회가 있으려나? 어쨌든 오랜만에 소주 이상의 독주를 마셔 보았다. 아내 것도 내가 홀짝 마셨다.
　우리는 식사를 끝낸 후 스페인어로 시끌벅적한 그 방에 들어가 잘 마셨다고 인사했다. 그러고는 방에 들어와 잠을 청했다.

치밀한 독일인 부부

카미노 11일 4월 10일(일)

우리가 제일 먼저 일어났다. 소리를 죽이며 짐을 꾸려 2층에서 내려와 보니 1층에 빵과 과자, 커피가 준비되어 있다. 잘 가라는 인사를 적은 주인의 쪽지도 보였다. 덕분에 간단히 아침을 먹고 출발할 수 있었다.

밖을 보니 어젯밤에 비가 왔는지 땅이 젖어 있다. 어느새 내려온 어제의 그 스페인 남자가 오늘 일기 예보에 비 소식이 있다고 알려 주었다. 또 오늘은 산길이 많아 상점을 만나기 쉽지 않다며, 다음 마을에서 점심거리 준비할 곳도 친절히 알려 주었다. 어제 배운 대로 신발을 느슨하게 고쳐 신었다. 우리가 먼저 출발했다. 아직은 비가 오지 않았다.

비야프랑카 몬테스 데 오카에 도착했다. 마을 입구에 문이 열려 있는 바가 보였다. 하지만 점심거리를 준비하기 위해 그 바를 지나쳐 마을 안으로 들어가 아까 소개받은 슈퍼를 찾았다. 그런데 아직 문을 열지 않았는지 찾을 수가 없었다. 비가 부슬부슬 내리기 시작했다. 비도 피할 겸 아까 그냥 지나친 바로 돌아와 거기서 점심거리를 샀다. 바에는 우리보다 늦게 출발한 사람들이 모두 보였다. 우리가 슈퍼를 찾느라 마을을 헤매는 동안 도착한 것이다.

배낭에 레인 커버를 씌우고 그 위에 우의를 입고, 이제는 제법 내리는 빗속에서 다시 출발했다. 아내는 처음으로 우의를 입어 본다며 좋아했다. 하지만 나는 아내에게, 우의가 비를 막아 주어서 좋기는 하지만 행동하는 데는 거추장스럽기 그지없다고 말했다. 뭐든지 좋은 점이 있으면 그 뒤에는 나쁜 점이 따라오는 법이다. 그중에서 좋은 점만 보려고 노력하며 사는 것이 마음 편하게 살 수 있는 길이라 생각한다.

이것은 사람에게도 적용된다. 그래서 다른 사람을 대할 때 그 사람의 나쁜 점보다는 좋은 점을 찾아 그 부분을 부각해서 보도록 노력해야 그 사람과의 관계를 잘 유지할 수 있다. 비는 오지만 덕분에 기온은 뚝 떨어져 상당히 선선한 가운데 산길을 기분 좋게 걸을 수 있었다.

중간에 빗줄기가 잦아졌다. 우의도 벗을 겸 쉬기 위해 자리를 폈다. 발 상태도 점검했다. 더 나빠지지는 않은 것 같았다. 주일 미사 참례를 어떻게 해야 할지 계획을 짰다. 지도를 보니 다음 마을인 산 후안 데 오르테가에 제법 큰 성당이 있었다. 주일에는 대체로 12시에 미사가 있으니 거기도 그 시간에 미사가 있으리라 여겨 시간 맞춰 가기로 했다. 남은 거리와 소요 시간을 계산하니 시간 맞추기가 빡빡해 보였다. 부지런히 다시 출발하며 속도를 높였다.

산속 흙길이라 걷기는 좋은데 오르막과 내리막이 있어서 꽤 숨찼다. 뒤돌아보니 아내도 잘 따라왔다. 아마 지금까지 중에서 가장 빠른 속도로 걸었으리라. 발도 아프지 않았다.

겨우 시간에 맞춰 그 성당에 들어섰다. 문은 열려 있는데 미사는 없었다. 아쉽다. '하느님, 저희는 할 만큼 했다는 거 아시죠?' 하고 스스로 위안했다. 다음 마을에서는 저녁 미사에 꼭 참례할 수 있기를 기내했다.

산 후안 데 오르테가는 꽤 높은 곳에 있는 마을이다. 성당 옆 수도원에서는 전시회를 하는 듯 과거 왕실과 성당 유물을 순례자들이 볼 수 있도록 개방하고 있었다. 건물과 전시된 유물들이 꽤 유서 깊어 보였지만, 설명서가 없어서 내용을 알 수는 없었다.

잠시 쉬면서 요기도 할 겸, 옆에 있는 바에서 스탬프를 찍은 후 커피 한 잔씩 시켜 놓고 쉬었다. 싸 간 빵과 함께 점심을 먹었다. 마침 하늘도 맑아져 햇볕에 우의를 널어 놓고 말렸다.

산길을 한참 내려가서 아헤스를 지난 후 길을 따라가니 아타푸에르카가 나왔다. K 씨가 먼저 도착해서 우리를 알아보고는 알베르게 위치를 알려 주었다. 우리는 통로를 사이에 두고 마주보고 있는 2층 침대에 각각 자리를 잡았다. 조금 있으니 며칠 전 만났던 한국 사람이 우리 방에 합류했다. 그도 발에 물집이 생겨 절룩거렸다.

짐을 풀고 샤워실로 갔다. 그런데 벌거벗은 남자가 보이고 샤워실 안에서 여자 목소리도 들렸다. 깜짝 놀라서 잘못 들어왔냐고 물었더니 아니라며 "카미노에서는 다 괜찮아요."라고 했다. 여기는 남녀 공용으로 샤워할 수 있게 되어 있단다. 나도 옆 샤워실로 들어가 샤워를 마쳤다. 아내에게 상황을 설명하며 조심하라고 일러 주었다.

주일 미사에 참례하기 위해 성당부터 찾아갔으나 문이 닫혀 있었다. 난감했다. 성당 문 앞 벤치에 앉아 있던 노부부 중 부인이 우리에게 인사하며 물었다.

"한국 사람이시죠?"

"어떻게 아세요?"

"다른 곳에서도 많이 봤습니다."

남편은 독일 사람, 부인은 인도네시아 사람이라고 본인들을 소개했다. 인도네시아 사람은 처음 봤다고 했더니, 자기는 독일에서 산 지 38년이나 됐다고 했다. 동양인을 보니 반가워서 인사하는 거란다. 내가 부인에게 물었다.

"어떻게 이 어려운 카미노를 하게 되셨어요?"

"남편 은퇴 후에 시간이 남아서 부부가 무얼 같이 할까 하고 고민했는데 TV에서 카미노를 소개하는 걸 보고는 오기로 결정했습니다."

"어쩌면 그렇게 저희랑 똑같으세요? 힘들지는 않으세요? 저는 발에 물집이 생겨 고생하고 있어요."

"저희는 출발 전에 준비를 많이 했습니다. 체력 훈련도 했고요. 특히 배낭 무게에 제일 신경을 썼는데, 배낭에 넣을 물건 하나하나의 무게를 달아 매 g마다 점검해서 지금 배낭 무게가 제 것은 4kg이고 남편 것은 8kg입니다. 그렇게 다니니까 발에 무리가 되지 않아요."

"정말 치밀하게 준비하셨네요. 저희 배낭 무게의 반 정도밖에 안 되네요. 제 아내의 배낭 무게만도 8kg은 되거든요."

"부인 체력이 대단하시네요. 저는 도저히 못 들 겁니다."

얘기하는 중에도 줄곧 남편 손을 꼭 잡고 있는 부인의 모습이 정겨워 보였다.

"저희는 가톨릭 신자라 성당을 찾아왔습니다만, 혹시 신앙을 갖고 계신가요?"

"저도 가톨릭 신자입니다. 제 남편은 루터교 신자고요. 그래도 저희는 둘 다 똑같은 하느님을 믿는다고 생각하기 때문에, 신앙이 걸림돌이 되는 경우는 없습니다."

부인이 한 손으로 남편의 손을 더 가까이 끌어 잡고, 한 손으로는 우리 앞에 피어 있는 작은 들꽃을 가리키며 물었다.

"여기 이 꽃이 무슨 꽃인지 아세요?"

"글쎄요. 많이 보기는 했는데 이름은 잘 모르겠네요."

"이 꽃이 바로 데이지입니다. 독일에서는 거위들이 잘 먹는다고 해서 '거위꽃goose flower'이라고 한답니다."

"아, 그렇군요. 감사합니다."

"카미노 중에 로즈마리도 많이 봤는데, 보셨어요?"

"저희는 못 봤는데요."

나중에 우리는 우연히 로즈마리 사진을 접하고서야 그것이 허브의 일종이란 것을 알았고, 우리도 도중에 많이 본 것이었다고 깨달았다.

결국 오늘 주일 미사를 못 드렸다. 그래도 이렇게 좋은 사람들을 만나, 그들로부터 사람을 사랑하는 법을 배웠다.

저녁을 먹으러 내려갔는데 식당 문이 닫혔다. 8시에 다시 연단다. 저녁에도 시에스타가 있나? 바는 문이 열려 있어서 빵이라도 살까 했더니 빵을 비롯해 먹을 것이 동이 났단다. 우리보다 먼저 온 다른 순례자들이 다 사 간 것이다. 그나마 가지고 있던 빵으로 겨우 저녁 식사를 하고, 비록 국물뿐이긴 하지만 즉석 미역국을 끓여 맛있게 먹는 것으로 위안을 삼았다.

이내기 내 바지 허리를 1인치 가량 줄였단다. 배낭을 메고 걸을 때는 배낭 허리 밴드로 묶어서 괜찮았는데, 배낭을 놓고 마을을 돌아다닐 때는 바지가 흘러내려 자주 추켜올리곤 했다. 허리 크기가 줄어든 바지를 입으니 흘러내리지 않아서 훨씬 편히다.

부르고스, 반가워!

카미노 12일 4월 11일(월)

이른 아침 출발했다. 날씨는 아직 쌀쌀했다. 바람까지 불어 더 추웠다. 보온 옷을 챙겨 입다가 깜빡 길을 놓쳐 엉뚱한 길로 들어서서 한참을 갔다.

약 500m쯤 갔을까? 도로 옆을 부지런히 가고 있는데 자동차를 타고 가던 마을 아주머니가 우리 옆에서 멈추더니 손짓으로 길을 잘못 들었다는 시늉을 하시며 카미노 길은 저쪽이라고 알려 주었다. 지도를 확인하니, 지금 몰랐다면 최소 2km는 더 가서야 알 수 있었을 것 같았다.

그림에 있는 사람이나 나나 똑같이 힘들어 보인다.

'천사님, 고맙습니다.'

감사 인사를 하고는 제 길로 찾아갔다.

길은 언덕길에다 자갈길이었다. 발이 아픈 내게는 제일 어려운 길이었다. 여기도 1,050m 고지란다. 힘들여 올라갔다. 꼭대기를 지나 산을 넘는데 노루 세 마리가 우리 앞을 가로질러 갔다. 놀라지도 않고 유유히 갔다. 그들에게는 우리도 동물 중 하나로 인식되나 보다.

배가 고픈데 어제 남은 음식을 저녁으로 먹어서 오늘 아침 먹을거리가 없었다. 다음 마을 바에서 아침을 먹을 수 있으리라 기대했는데 문이 닫혀 있었다. 안에 사람이 있어서 문을 두드리는데도 열어 주지 않았다. 아쉬웠다. 옆에 힘들어 하는 순례자 그림 모습이 내 모습과 흡사하다고 느껴졌다. 마지막 남은 비상 식량인 초콜릿과 육포를 뜯어 먹었다.

적은 양이지만 아내와 나는 서로 더 먹으라고 권했다. 결국 10시 반이 되어서야 부르고스 외곽 도시인 비야프리아에서 식당을 만나 겨우 아침을 먹었다.

스페인 북부 지방에서 제일 큰 도시인 부르고스 시에 도착했다. 시내에서는 바닥이 딱딱한 도심 길을 가야 했다. 어떤 때는 카미노 표시가 잘 보이지 않았다. 그래서 쉬면서 길을 확인했다. 잘못하면 엉뚱한 길로 가서 또 고생할 수도 있다.

벤치에 앉아서 지도를 보며 길을 확인하려는데, 지나가던 남자가 다가와 도와주었다. 겨우 방향을 잡고 다시 갔다. 나중에 순례자들에게 들어 보니 대도시 중 부르고스 시내 카미노 표시가 제일 부실하다고 했다. 그 후에도 몇 번씩 지도를 보거나 물어서 확인해 가며 겨우 공립 알베르게에 도착한 때가 12시 30분. 2시에 문을 연다고 게시되어 있었다. 먼저 도착한 사람들이 세워 놓은 줄 뒤에 우리 배낭을 놓았다. 한참 남았다고 생각하며 신발 끈까지 풀고 기다리려는데 1시가 되자 문을 열었다. 침대를 배정받고 가 보니 넓고 깨끗한 침대가 보였다. 설비도 훌륭했다. 큰 도시일수록 알베르게 설비에 신

부르고스 시의 산타 마리아 대성당.

경을 쓰나 보다. 우리는 2층 침대의 위아래를 썼다.

내일도 부르고스에 머물 예정이어서 가능하면 이 알베르게에서 하루 더 머무르려고 한다. 다행히 내일도 머물 수 있단다. 짐은 따로 보관해 주고 등록만 다시 하면 된단다.

카미노를 출발할 때부터 우리는 여기서 이틀을 머물며 가까운 곳을 돌아보기로 계획했다. 계획대로 내일은 알다미라 동굴이 있는 곳에 가서 벽화, 참사회 성당 등을 보려고 했다. 그런데 거기까지 버스로 3시간 반이나 걸리는 데다가, 버스 시간을 보니 하루 종일 거기서 보낼 수밖에 없어서 그곳을 포기했다. 대신 내 발도 쉴 겸 오늘이 월요일이라 못 보는 이곳 박

대성당 내부의 고딕 양식 팔각 지붕.

물관과 시내 주요한 곳을 더 돌아보기로 했다.

 오늘은 우선 세계 문화유산에 등재되어 있다는 산타 마리아 대성당을 보기로 했다. 1221년부터 짓기 시작했고 고딕 양식의 건물이라는 내용을 안내 책자에서 읽었다. 입구부터 정교한 돌조각을 보니 감탄이 절로 나왔다.

아내가 조각을 보고는 "저 가운데가 예수님이시고 주위에 네 복음사가를 상징하는 동물들이 있어요."라고 설명해 주었다. 성지 순례를 많이 다녀서인지 나보다 내용을 많이 안다.

성당 내부에는 성모님을 비롯해 여러 성인들은 물론 성당과 스페인 또는 지역 사회에 공을 세운 사람들을 모시는 경당이 많다. 성모님의 모습도 성모님 탄생, 원죄 없이 잉태되신 동정녀, 예수님 봉헌 등 여러 가지 모습으로 표현했다.

"저 조각은 주님 탄생 예고를 나타내고 있네요."

아내가 아는 내용이 나올 때마다 설명해 주었다.

각 경당의 성화나 조각이 화려하고 정교했다. 신앙은 완벽을 추구하게 하는 힘이 있는 듯 느껴진다.

7시 30분, 대성당 안에 있는 한 경당에서 저녁 미사를 드렸나. 다른 순례자들도 보였다. 빨간 치마를 입고 계신 제대 뒤의 예수님이 이채롭다. 미사는 언제나 마음에 평화를 가져다준다. 최소한 미사 참례를 하는 시간 동안만이라도 말이다.

미사가 끝나고 숙소로 오는 길, 춥다고 내 팔짱을 끼는 아내가 사랑스럽다.

고통도 카미노의 일부!

카미노 13일 4월 12일(화)

부르고스
Burgos

7시쯤 일어나 알베르게에 짐을 맡기고 나왔다. 바람이 강하고 날씨가 추웠다.

어제 관광 안내소에서 소개받은 '우엘가스 왕립 수도원'을 찾았다. 어제 본 산타 마리아 대성당에도 이 수도원을 위한 경당이 있었다고 한 걸로 봐서, 이곳은 당시에 중요했던 곳인가 보다.

문 열기를 기다리는 동안 밖에서 건물 사진들을 찍었다. 여자 가이드가 안내를 시작했다. 스페인어, 불어 그리고 영어로 설명하는데, 그중에 영어가 제일 서툴러 보였다.

지금은 박물관이 된 수도원에는 13세기 옛 왕실에서 쓰던 화려한 물건들과 왕족들의 무덤이 잘 보존되어 있었다. 풍부한 유물과 자료를 갖고 있다고 생각되었지만 설명이 아쉬웠다. 영어 안내 책자도 없고 사진도 못 찍게 했다. 카스티야 지역의 왕이었던 알폰소 8세가 1212년에 스페인 북부 지역의 세를 결집해, 아프리카에서 건너와 살고 있던 회교도인 무어인들을 물리치기 시작했다는 얘기만을 겨우 들었다.

부르고스 박물관으로 갔다. 고고학 박물관과 회화 박물관으로 나누어져 있는데, 고고학 박물관에는 부르고스 내 여러 지역에서 발굴된 선사 시대부터의 유물들이 있었다. 특히 로마 시대의 유물을 많이 전시하고 있어서 과거에 이 지역이 로마 제국의 일부였다는 것을 확인할 수 있었다.

우리는 회화 박물관을 넌서 봤는데 내부분이 성화나 성상이어서 신앙인은 흥미롭게 볼 수 있다. 하지만 영어 안내자나 설명서는 없었다.

관리인으로 보이는 듯한 사람이 '디에고 데 실로에Diego de Siloé'가 소각한 성모님상을 손짓으로 득별이 추천하며 보라고

디에고 데 실로에가 조각한 성모님상.

했다. 아마도 이 지역 출신 조각가의 작품이어서 그런 게 아닐까 싶었다.

시에스타 시간이라 공공기관은 물론 우리가 볼 곳들이 모두 문을 닫았다. 그래서 나도 알베르게로 가서 낮잠을 잤다. 내 코 고는 소리가 진동했다고 아내가 나중에 얘기해 주었다. 아픈 발을 끌고 돌아다니는 게 힘들었기 때문일 것이다.

알베르게 바로 뒤 언덕에 알폰소 10세 시절에 건축된 성이 있다고 해서 올라가 보지만 문이 닫혀 있었다. 문을 여는 요일이 제한적이다. 실망스럽지만 바로 아래 전망대에서 시내 전체를 바라보며 멀리 보이는 아름다운 대성당의 모습을 감상했다.

언덕을 내려가 시내를 관통하는 아를란손 강가를 산책했다. 강을 따라 정원이 잘 꾸며져 있었다. 특히 연리지 나무로 조성한 정원 모습이 인상적이었다. 이제는 완연한 봄, 강 옆 나뭇잎들의 연둣빛깔이 많이 짙어졌다.

다시 시내로 들어오며 옛날 도시 출입 관문이었을 '산타 마리아 아치'에 들렀다. 그리고 아치 내부를 통해 위층으로 올라가 부르고스 시의 역사적 순간들을 사진으로 담아 놓은 전시회도 구경했다.

어제 미사 참례를 한 대성당 안 경당에서 또 저녁 미사 참례를 했다. 카미노 출발 후 첫 번째 알베르게에서 만났던 캐나다 아주머니가 보였다. 미사를 마치고 서로 반갑게 인사하고는 같이 알베르게로 돌아오는데 아주머니가 자랑했다.

"같이 온 일행들은 앞으로 갈 메세타 구간이 너무 지루할 것 같다면서 그 구간은 버스를 타고 건너뛴다고들 하는데 저

대성당 중심의 부르고스 시 전경. 생활의 중심은 항상 신앙에 있다.

는 전 구간을 걸어갈 겁니다. 그렇게 하는 게 하느님의 뜻을 따르는 길이라고 생각하거든요."

"대단하시네요. 정말 잘 생각하셨습니다."

어제 아내는 내 발을 걱정하며, "내일은 짐을 택시로 보내고 맨몸으로 걸어요. 그러면 발에 부담이 줄어서 발이 좀 더 빨리 나을 수 있을 거예요."라고 했다. 나도 사실 그 말에 솔깃했다. 그런데 오늘 이 캐나다 아주머니의 얘기를 듣고 보니 그건 잘못된 생각이라고 스스로를 질책하게 되었다. 나는 카미노가 하느님의 뜻이라고까지는 생각하지 않았다. 단순히 지금의 어려움을 피하려고만 했던 것이다.

그러면서 고통에 대해 생각했다. 사실 내가 지금 아픈 곳은 전체 몸 가운데 극히 일부에 지나지 않는 양쪽 새끼발가락뿐이다. 그런데 그곳이 아프기 시작하면 몸 전체가 아픈 듯이 견디기 어려워진다. 그렇다고 몸 전체를 고통에 담는 것은 잘못이리라. 고통을 견디기 위해서는 아프지 않은 몸이 아픈 곳을 이겨야 하는 것이다. 그것이 아픔을 극복하고 빨리 낫는 방법일 것이다.

살아가면서 부딪치게 되는 어려움을 대하는 방법도 마찬가지다. 어려움은 분명히 삶의 일부분일 것이고, 시간적으로도 일생에 비하면 짧은 기간에 지나지 않을 것이다. 그런데 어려움이 닥친 때에는 마치 전 생애가 어려운 것처럼 느껴지고, 그 순간을 견디지 못하면 일생이 상처를 입게 될 것이다. 따라서 어려움이 닥치더라도, 어렵지 않고 좋은 면이 더 많고, 지금 잠시 어려울 뿐이지 앞으로 다시 좋은 시기가 오리라는 것을 믿으며 그 어려움에 대처해야 쉽게 헤쳐 나갈 수 있을 것이다. 그렇게 하는 것이 하느님의 뜻을 따르는 길이라고 믿으면, 하느님은 분명 내게 힘을 주실 거라고 생각한다.

이런 깨달음을 준 캐나다 아주머니에게 감사한다. 왜 '고통도 분명 카미노의 일부'라는 생각을 진작 못했을까?

나는 지금 그리고 앞으로 아프더라도 끝까지 참고 내 짐을 메고 갈 것이다.

노새 죽이는 내리막길

카미노 14일 4월 13일(수)

오늘은 가야 할 거리가 그리 길지 않아서 서두르지 않았다. 1층에 있는 주방 식탁에 앉아 아침을 먹었다. 한국 사람들을 또 보았다. 우리가 하루 더 머무르는 동안 도착한 사람들이다. 참 많이들 온다.

어제 하루 동안 배낭 없이 다니다가 오늘 배낭을 다시 둘러메니 새삼 무게가 느껴진다. 그래도, 출발!

부르고스 시내를 벗어나는 길에 정원이 잘 꾸며져 있는 모습이 보인다. 순례자 동상도 멋지다. 긴 수염과 머리, 표주박이 달린 지팡이, 목에 건 가리비 조개껍데기 그리고 얼기설기 엉성한 가죽 신발. 이런 것들이 순례자의 상징이다.

순례자 동상.

길은 아주 평탄했다. 그래서 속도를 낼 수 있어 앞에 가는 몇 사람을 따라잡았다. 그러고는 길가에 자리를 깔고 앉아서 쉬며 오렌지를 까 먹었다. 맛있었다. 한국에서는 오렌지를 먹지 않았는데 여기서 먹어 보니 싱싱하고 달콤한 맛에 반해 자주 사 먹게 되었다. 입맛이 바뀌었나, 아니면 이곳과 한국의 오렌지 맛이 다른 건가?

이제부터 본격적인 메세타 구간이 시작된다. 메세타 구간은 끝없이 평탄한 넓은 지역이라서, 산이나 물은 물론 집이나 사람도 쉽게 만날 수 없다. 그래서 카미노를 걷는 사람들에게는 아주 지루한 코스라고 소문이 나 있다.

햇볕이 점점 뜨거워졌다. 완만한 오르막을 올랐다. 지도에는 950m 높이의 메세타 봉이라고 표시되어 있다. 오르막을 오르니 평탄한 길이 펼쳐졌다. 시원하긴 한데 햇볕 피할 곳이 전혀 없었다. 어제 만난 캐나다 아주머니가 길옆에서 물을 마시며 쉬다가, 긴소매 윗도리와 바지를 훌러덩 벗고 짧은 것들로 갈아입었다. 나는 민망해서 인사도 못하고 지나갔다. 카미노는 부끄러움 따위는 쉽게 극복할 수 있는 용기를 주나 보다.

내리막은 오르막보다 어렵다. 더구나 이곳은 가이드북에도 '노새 죽이는 내리막'이라고 이름이 붙어 있는 자갈길이다. 아픈 발로 조심조심 천천히 내려왔다.

시간상으로는 더 갈 수 있지만, 발도 아프고 이미 계획도 했던 터라 20km 지점인 오르니요스 델 카미노에서 멈추었다. 겨우 12시 30분이었다. 닫혀 있는 알베르게 문 앞에서 기다렸다 들어가 침대를 정했다. 좁은 방에 2층 침대를 여러 개 놓아서 공간이 협소한 데다 사람까지 꽉 차서 북적거렸다. 방 안에서는 제대로 움직일 수조차 없었다. 시설도 별로다. 씻고 보니, 그래도 발가락은 이제 아무는 중이다. 더 이상 나빠지지는 않겠다. 한 이틀 정도만 더 조심하면 괜찮을 것 같다. 신발을

고쳐 신은 게 큰 도움이 된 듯하다.

짐을 정리하고 밖으로 나왔다. 바로 옆에 성당이 있어서 미사 시간을 찾아보지만 알 수 없었다. 거주 인구가 76명밖에 안 되는 워낙 작은 마을이라, 주일도 아니고 평일에 미사가 있을 거라고 기대하기는 어려웠다.

오랜만에 다른 사람들과 함께 저녁을 먹었다. 순례자 메뉴는 식상하지만 사람들을 만나 보고 싶어서였다. 아내는 그냥 혼자 있겠단다. 이런 경우는 처음이다. 식당 메뉴 중에서 먹을 만한 것을 찾기가 어려워서일 거고, 또 내게 다른 사람들과 얘기할 수 있는 시간을 주려는 배려의 마음에서일 거다.

호주에서 온 63세의 노부부와 스페인 여자가 같은 식탁에 있었다. 호주 노부인은 아까 침대에서 내 발에 감은 거즈를 보고는 자기도 비슷하다고 보여 주면서, 우리 두 사람 발을 나란히 놓고 "이게 바로 '카미노 발'이야."라고 재미있어 하며 사진을 찍었다. 은퇴했다는 이들 노부부는 평상시에도 호주 여러 곳을 다니며 캠핑을 하곤 한단다. 지금의 생활이 아주 행복하다는 노부인에게 내가 물었다.

"뭐하실 때 제일 행복하세요?"

"손주 볼 때가 제일 행복하지요."

부인은 수첩에서 손주 사진을 꺼내 보여 주며 말했다.

"귀여우세요?"

"그럼요. 아직 손주 없으시죠? 손주가 왜 귀여운지 아세요? 내가 키울 의무 없이 귀여워만 해 주면 되니까 그런 거예요."

노후를 즐기며 건강하게 살아가는 이 부부의 모습이 보기 좋았다.

스페인 여자에게는 카미노 중에 만난 스페인 사람들의 친절에 대해 얘기해 주었다. 노부인도 자신의 경험담을 얘기했다. 부인은 물집이 생긴 자신의 발을 1시간 반 동안에 걸쳐 무료로 치료해 준 친절한 의사와 간호사에게 감동해서 결국 꽃을 사다 줬다고 한다. 나는 카미노 운영이 부족한 점이 없지 않지만 책에서 본 것보다는 훨씬 깨끗하고 체계적으로 운영되는 것 같다고 얘기했다. 스페인 여자는 고맙다며 자기 이름을 '마리요스'라고 소개했다.

마리요스를 통해 알게 된 내용인데, 스페인은 6월부터 휴가 시즌이어서 그때 카미노를 걷는 사람들이 많단다. 무더운 시기에 왜 카미노를 걷는 사람들이 많을까 의아했는데 그 이유를 알 것 같았다.

아내는 예전부터, 나는 지금에야!

카미노 15일 4월 14일(목)

아래층 부엌으로 가서 어제 준비해 놓은 보카디요를 먹고 출발했다. 다른 사람들보다 조금 늦은 출발이었다.

메세타 지역답게 언덕길과 들길이 끝도 없이 펼쳐졌다. 그래도 바람이 살짝 불어서 더운 기운은 없었다.

2시간가량을 가니 온타나스 마을이 보였다. 알베르게 문이 열려 있었다. 슬쩍 화장실에 들러 볼일을 보았다. 3일 만에 해결한 셈이다.

또다시 지루한 들길을 거쳐 산 안톤에 도착했다. 마을 입구

종탑 위에 타우 십자가가 보인다.

에 카미노를 표시하는 표지판에 있는 십자가 모양이 특이했다. T자 모양이었다. 옛날 기사단의 성스러움을 상징하는 '타우Tau 십자가'라고 한단다.

이 마을을 지나려면 아치 모양으로 된 유적을 통과해야 하는데, 그 아치에 대한 내용을 알 수가 없다. 아쉬움에 마을 길옆에 자리를 깔고 앉아 쉬며 고풍스러운 아치를 감상했다.

노인 두 분이 지나가다가 자리를 가리키며 물었다.

"앉아도 됩니꺼?"

카스트로헤리스를 나가는 길.

"네, 물론입니다!"

이들이 옆에 앉았다. 벨기에에서 왔다는 이들은 우리와 같은 곳에서 출발했는데 우리보다 10km를 더 간다고 했다. 대단한 체력이다. 이들과 사과를 나눠 먹었다.

당초 계획했던 카스트로헤리스에 도착했다. 12시 20분, 너무 이르다. 좀 더 갈까 하는 생각에 바에서 음식을 준비하고 마을을 지나가려는데 같은 방에서 잤던 한국 남자가 높은 언덕에 있는 알베르게에서 우리를 불렀다. 결국 우리도 그곳에 머물기로 했다. 이 알베르게에서 자는 한국 사람이 우리를 포함해 총 5명이란다.

알베르게 구조가 특이했다. 두꺼운 매트가 깔려 있는가 하면 2층 침대도 있었다. 원하는 대로 쓸 수 있었다. 우리는 매트를 선택했다. 나중에 보니 한국 사람 5명만 매트를 선택했고 다른 사람들은 모두 침대를 썼다. 생활 습관의 차이를 실감한다.

한국 남자와 둘이서 차를 마셨다. 이 사람은 올해 61세인데, 고교 동창 셋이 같이 왔다고 했다. 두 사람은 먼저 가고, 발에 물집이 생겨 속도가 늦어진 자기만 좀 천천히 가다가 날짜에 맞춰서 산티아고 데 콤포스텔라에서 만나기로 했단다. 그러면서 슬쩍 내게 물었다.

"부부 사이가 괜찮아요?"

"예, 아주 좋은데요."

"보통 부부가 이런 여행 오면 십중팔구는 사이가 안 좋아져서 돌아가게 된다는데요. 제가 아는 사람도 그랬다는 얘기를 들었거든요."

"여기 올 때 다른 분들한테도 그런 얘기를 몇 번 들었는데, 그걸 듣고 저희가 조심해서 그런지 지금까지는 아주 좋습니다. 아니면 저희가 별종인가요?"

나는 내가 성치 않은 상태인데도 잘 견뎌 주는 아내가 정말 고맙다. 여기 와서 아내에 대해 많이 생각하게 되었다.

아내를 처음 만난 날은 30년 전 어느 일요일 오후 4시쯤이었다. 일요일이었지만 회사 일이 끝나지 않아 약속 시간보다 두어 시간 늦고 말았다. 내 측에서는 어머니가, 아내 측에서는 큰시누이가 동석하게 되어 있어, 세 사람은 하릴없이 나를 기다렸다. 늦게 나가서 정말 미안했지만 어쨌든 처음 아내를 소개받고 그날 둘이 저녁까지 같이 했으니 그때부터 아내의 배려와 양보는 시작된 듯하다.

우리는 소개받은 지 6개월 만에 결혼했다. 결혼 후 처음 1년 가까이 아내는 시부모님을 모시고 살았다. 새댁이 시부모님 모시는 일이 결코 쉽지 않았으련만 내색하지 않고 견뎌 준 아내가 고맙기 그지없다. 당시 나는 직장 일에 신경 쓰느라 아내의 어려움은 뒷전이었다. 그래서인지 아내는 지금까지도 시부모님 사랑을 많이 받는다. 울산에서 아들과 딸, 아이 둘을 낳았다. 거의 연년생인 아이들을 키우느라 정신이 없었다.

내가 중견 간부로 여천에서 근무한 적이 있는데, 당시 아이들은 초등학교에 다닐 때라 내가 출근하고 아이들이 학교에 가고 나면 사택에 혼자 있던 아내는 주위에 아는 사람이 많지 않아서인지 외로움을 느끼는 듯했고, 그 돌파구를 신앙에서 찾고자 했던 듯하다. 아이들과 함께 세례를 받은 아내는 일상생활에서도 훨씬 밝아졌다. 하지만 나는 그때에도 직장이 무엇보다 우선이었다.

그 후 계속 서울에서 살았는데, 아내는 신앙생활과 일상생활을 조화롭게 잘 꾸려갔다. 아이들이 성장하자 아내는 그동안 하고 싶었던 해외 성지 순례도 하며 즐겁게 살았다.

돌이켜보니 직장에 있을 때 나는 집안일에 거의 신경을 쓰지 않았다. 아내가 모든 것을 문제없이 알아서 처리했기 때문이다. 집안일로 인한 갈등이 생기지 않은 것은 내가 직장에만 몰두할 수 있도록 아내가 내조를 잘한 덕이었음을 이제야 깨닫게 된다.

직장을 그만두고서도 나는 그동안의 관성에 따라 아내의 귀중함을 절실히 느끼지 못했다. 그러나가 점차, 내가 직장을 그만둔 것에 대한 아내의 충격을 걱정하는 이상으로, 아내도 내가 직장을 잃은 것에 대한 충격을 이해하려 하고 있고 오히려 내 허탈감을 줄이려는 노력을 한다는 것을 알게 되었다. 그렇게 아내는 오래전부터 나의 소울메이트였는데, 나는 지금에야 아내의 소울메이트가 되어 가고 있는 것이다.

사실 아내는 다른 그 누구의 아내도 아니고 내 아내다. 내 아내를 내가 챙기는 것은 너무나 당연하지 않은가? 그러나 그동안에는 언제 어디서나 편하게 대할 수 있는 사람이라는 이유 때문에 한 인격체로 대하기보다는 그냥 내 마음대로 할 수 있고 내가 얘기하면 당연히 따라와야만 하는 대상 정도로 너무 소홀하게 대한 것이 아닌가 하는 생각이 든다. 그런데 지금도 당장 아내가 없으면 빨래며 내 발 치료를 어떻게 해야 할지, 또 그 힘든 길을 혼자 어떻게 걸어갈지를 생각했을 때 아내의 존재가 너무 귀하게 여겨진다.

미사 참례를 하려고 성당 앞에서 한참을 기다렸다. 돌아갈까 하는데 누군가가 문을 열어 주어 성당 안으로 들어갔다. 미사가 바로 시작되었다. 그런데 자세히 보니 아까 문을 열어 준 사람이 바로 신부님이었다. 신부님의 권위 없고 친절한 모습이 너무 좋다 못해 어리둥절할 정도였다.

　미사 시작할 때 참석 인원은 우리 둘을 포함해 4명이었다. 어제 같이 저녁 식사를 한 마리요스도 보였다. 나중에 몇 명 더 오기는 했지만 너무 적은 인원이다. 우리나라 시골 성당에서도 이러려나?

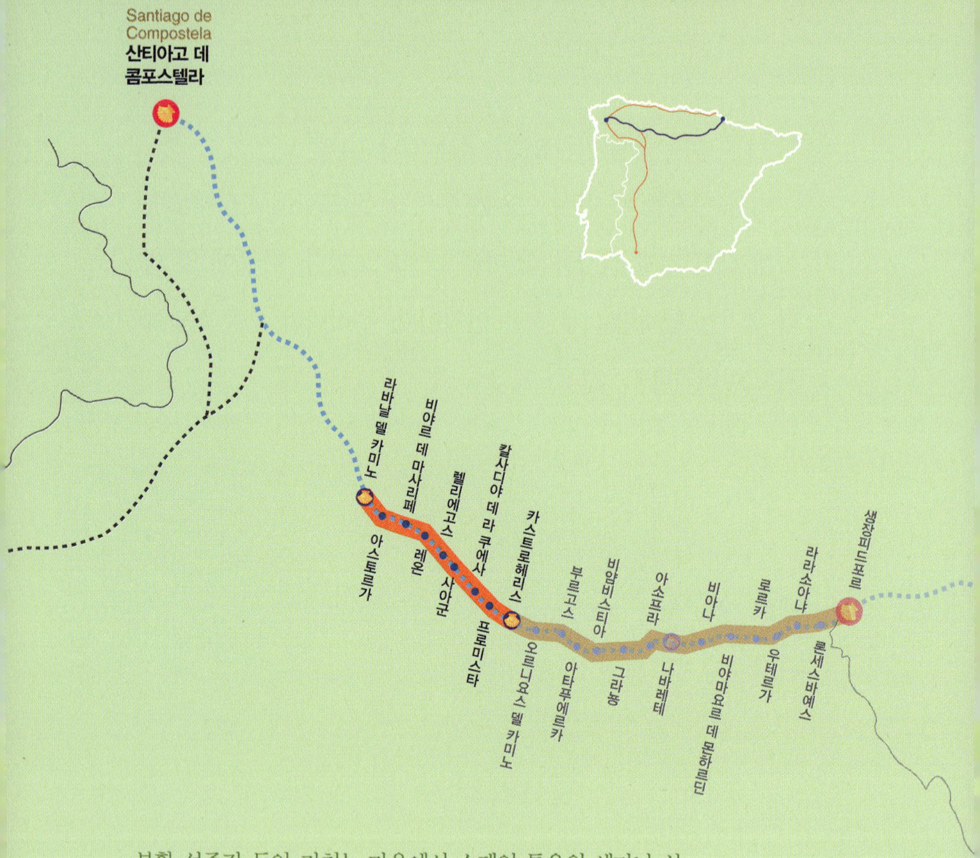

Santiago de Compostela
산티아고 데 콤포스텔라

라바날 델 카미노
비야르 데 마사리페
렐레에고스
칼사다 데라 쿠에사
카스트로헤리스
부르고스
비암비스티아
아소프라
비아나
로르카
라라소아냐
생장피드포르

아스토르가
레온
시아군
프로미스타
오르니요스 델 카미노
아타푸에르카
그라뇽
나바레테
비야마요르 데 몬하르딘
우테르가
론세스바예스

부활 성주간 동안 거치는 마을에서 스페인 특유의 세마나 산타(성주간) 행렬을 만나게 되고 특히 부활 성야 미사에서는 직접 독서자로 참여까지 하면서 예수님의 희생과 부활의 의미를 되새기며 신앙의 깊이를 더한다. 거기다가 이 시기에는 카미노 전 구간 중 가장 평탄한 구간인 메세타 구간의 대부분을 지나며 평화를 만끽한다.

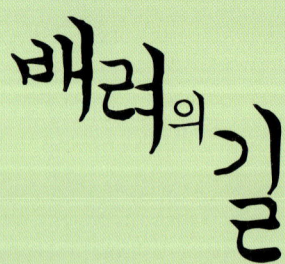
배려의 길

로마네스크 양식의 산 마르틴 성당

카미노 16일 4월 15일(금)

이른 새벽에 휴대 전화가 울렸다. 모르는 전화번호였다. 비몽사몽으로 전화를 받았다.

"여보세요."

"윤장근씨 맞으시죠?"

윤장근? 내가 잠결에 잘못 들었나?

"네, 제가 유장근인데요."

"신한 은행 원효로 지점인데요. 지금 고객의 계좌에서 3백 5십만 원을 인출한다며 통장과 도장, 주민등록증을 제시해서 확인하려고 전화드리는 겁니다."

"무슨 얘기예요? 저는 지금 해외에 있는데요."

"기업은행에서 송금한 돈을 찾는다며 청구를 하는데 인출해도 됩니까?"

"아니, 전 무슨 얘긴지 잘 이해가 안 가는데 제 주민번호를 불러 보실래요?"

"5412** – ******* 아닙니까?"

"맞긴 한데요."

"아마도 개인 정보가 유출된 것 같으니 경찰에 신고하겠습니다."

자기들끼리 경찰에 신고하는 듯한 목소리가 수화기 너머에서 들렸다.

아무래도 뭔가 이상했다. 가만히 들어 보니 연변 말투였다. 아차, 보이스 피싱이구나. 그냥 전화를 끊었다. 다시 신호가 오기에 그냥 끊었다. 별일은 없었지만, 그래도 몇 분간은 당했고 잠도 설쳤다.

햇볕이 뜨겁지 않을 때 많이 걸어야 한낮 더위를 피할 수 있는 데다가 잠도 오지 않아서 기상 시간을 앞당겼다. 알베르게에서 제공하는 과자와 커피와 함께 우리가 하몬을 넣어 만든

동이 트며 등 뒤로 태양이 떠오른다.

보카디요로 아침을 먹고 출발했다.

처음부터 오르막이다. 막 동이 트며 등 뒤로 태양이 떠올랐다. 높은 언덕에 올라 보기 드문 아름다운 광경을 한참 감상했다. 다른 순례자들도 쉬어 가며 감탄했다.

갑자기 바람이 불며 추워지자 반바지에 반팔로 가던 순례자가 쩔쩔맸다. 여기 날씨는 햇볕이 따가워도 바람이 불거나 그늘에 들어서면 춥다. 하루 중에도 해가 떠 있을 때와 없을 때의 온도 차가 크다.

오늘도 메세타길이다. 가끔은 쉬면서 물을 마시고 바나나나 오렌지 같은 과일을 먹었다. 우리를 반기는 듯한 새소리는 듣기 좋았지만, 그저 빨리 쉴 곳에 도착했으면 하는 바람이었.

어제 같은 방을 쓴 한국 남자 그리고 마리요스와 함께 18세기에 만들어졌다는 카스티야 운하를 따라 앞서거니 뒤서거니 하며 한참을 걸은 후 12시 45분에 프로미스타에 도착했다.

여기에는 알베르게가 여러 곳이 있었다. 어제 마리요스가 시설이 좋다고 알려 준 사설 알베르게로 찾아갔다. 바로 앞에 병원이 보였다. 샤워를 마치고 발을 보았다. 오늘 25km를 걸은 걸 감안하면 상태가 아주 좋다. 회복의 징후가 뚜렷하다. 병원에서 치료를 받을 생각이었는데 이 정도면 그냥 견딜 수 있겠다. 시에스타 시간에는 나도 한숨 잘 잤다.

국가 지정 기념물이라는 마을의 명물 '산 마르틴 성당'을 둘러보았다. 1066년경의 건축물로 추정되는 스페인의 로마네스크 양식 중 가장 좋은 예란다. 처마 밑에 조각되어 있는 309개의 사람과 동식물의 정교하고 다양한 모습에 감 탄이 절로 나온다. 다

산 마르틴 성당 전경과 처마 밑 조각

른 성당처럼 성화나 경당으로 치장되어 있지 않고 단순하지만, 정면에 있는 십자가 위의 예수님 모습이 경건함을 더했다.

이리저리 마을을 돌아다니며 장도 보고 구경도 한 후 알베르게로 들어갔다. 주방에서 저녁을 먹은 후 알베르게에 있는

작은 뜰에서 쉬었다. 혼자서 와인을 마시고 있는 남자에게 말을 걸었다.

"저는 남한에서 왔는데, 어디에서 오셨어요?"

"독일에서 왔습니다."

"카미노는 어디서 시작하셨어요?"

"부르고스에서 출발했습니다."

"카미노를 즐겁게 보내고 계세요?"

"예, 직장에 3주 휴가를 내고 왔는데 잘 지내고 있습니다."

"왜 휴가 동안에 카미노를 선택하셨나요?"

"지금 직장에서 7년 프로젝트로 진행하던 일이 내년 10월이면 끝나게 됩니다. 그래서 그 이후를 어떻게 지내야 할지를 구상하기 위해 왔습니다. 어떻게 오게 되셨어요?"

"저는 아내가 오자고 해서 왔습니다."

"아, 그러시군요. 아내가 제일 높은 상사니까 무조건 말을 잘 들어야죠. 다른 이유를 더 물어볼 수가 없네요. 하하하."

"사실 제가 카미노에 오게 된 데에는 종교적인 이유가 큽니다."

"저는 어려서 세례를 받았는데, 교회를 위한 세금을 내야 한다는 사실을 알고부터는 종교에 회의가 들어서 지금은 냉담

하고 있습니다."

"교회를 위한 세금도 있나요?"

"예. 독일은 교회를 위한 세금을 국가가 징수해서 교회에 줍니다. 지금은 그 절차가 이해가 되는데, 당시에는 젊은 혈기에 종교가 교회를 수단으로 국민들 재물을 빼앗는다는 생각이 들어서 종교가 싫었지요. 하지만 이제는 다시 돌아가야겠다고 생각하고 있습니다."

"제발 그러시기를 빕니다. 카미노에서 만난 사람들은 어김없이 다들 착하고 순수해 보여서 좋더군요."

"돈보다 더 소중한 것을 위해 사는 분들이라서 그렇지 않을까요?

"네, 맞아요. 각자의 삶을 살면서도 이곳에서는 모두가 그 삶을 떠나 하나같이 한길을 가고 있으니까요. 카미노는 그런 일탈을 통한 일종의 버림이라서 그럴 수 있지 않을까요?"

"젊어 보이시는데, 어떻게 시간을 내셨어요?"

"저는 은퇴했습니다. 너무 일찍 은퇴한 셈이지요."

"아닙니다. 은퇴는 빠를수록 좋다고 생각합니다. 저는 지금이라도 로또에 당첨되면 당장 직장을 그만두고 제가 하고 싶은 일을 시작할 겁니다. 저는 하고 싶은 일이 정말 많습니다.

그중에서도 특히 호주에 가서 코알라 멸종을 막기 위한 자원봉사를 하고 싶습니다."

"그럼 아이들은요?"

"아직 학생인데, 제 아내와 어머니가 잘 돌봐 주리라고 믿습니다."

이 독일 사람은 나중에 내 바로 옆 침대에서 잤는데 코 고는 소리가 장난이 아니었다.

'산 페드로 성당'에서 미사 참례를 했다. 다른 곳도 마찬가지지만, 참석 인원도 적고 복사도 없이 신부님이 혼자 미사를 진행하셨다. 신앙을 중심으로 통치하던 과거와는 달리, 지금 스페인 국민들의 신앙생활 참여도는 상당히 약해졌다.

그래도 미사는 언제나 경건하다. 아내가 마침 성가를 듣고는 성가 제목이 아마 '순례자의 길'일 거라며 특별히 미사에 참석한 순례자들을 위해 부르는 것 같다고 말했다. 우리를 위해 기도해 주는 사람이 있다는 것이 얼마나 행복한 것인가?

이게 메세타구나!

카미노 17일 4월 16일(토)

출발하면서 내 발이 오래도록 회복되지 않아 걱정이라며 아내가 내 짐을 빼서 자기 배낭에 넣으려 했다. 나는 놀라서 얼른 다시 빼앗아 내 배낭에 넣으며 말했다.

"너만 아파야지, 당신마저 아프면 누가 우리를 돌봐 줄 거야? 당신은 절대 아프면 안 돼."

아침 날씨가 꽤 추웠다. 어제 만난 독일 남자는 겨울옷을 입고서 준비해 오길 잘했다고 의기양양했다. 날씨가 추울 때에는 빨리 걸어서 추위를 이기는 게 제일 좋다.

비야카사르 데 시르가의 블랑카 성모 성당.

카리온 데 로스 콘데스에 있는 산타 마리아 성당의 스테인드글라스와 Y자 십자가.

곧게 뻗은 아스팔트 길옆으로 카미노 표지판을 특별히 설치해 놓았다. 순례자들을 위한 정성이 느껴져 고맙다.

비야카사르 데 시르가에 도착했다. '블랑카 성모 성당'을 찾아갔는데 문이 닫혀 있었다. 성당 앞 바에서 카페 곤 레체를 한 잔씩 맛보며 성당 문 여는 시간을 물었다. 잠시 후에 연단다.

바에 배낭을 맡기고 나와서 문 열기를 기다리는 동안 아치 모양의 성당 입구 문을 둘러싸고 새겨진 정교한 돌 조각상들을 보았다. 아내는 사도들 이름을 내내 설명해 주었다. 나는

이게 메세타구나! 181

예수님과 성모님만 알 것 같다. 예정 시간이 훨씬 지나서야 문이 열렸다. 13세기에 템플 기사단이 지은 성당이란다. 아기 예수님을 안고 계신 성모님이 계시고 한쪽으로는 왕족과 귀족들의 무덤도 보였다. 스테인드글라스 장미창도 아름다웠다.

다시 걸어서 카리온 데 로스 콘데스에 도착했다. 지금까지 19.7km를 왔다.

우리는 가이드북에 따라 오늘은 여기까지만 걸을 계획이었다. 그런데 어제 한국 남자가 약 5km를 더 가면 숙소가 있다고 가이드북을 보여 주며 자신도 거기서 묵을 예정이라고 해서, 우리 책이 업데이트가 안 되었을 수도 있겠다 싶은 마음에 그 사람을 따르기로 했다.

내가 약국을 찾아서 거즈를 사는 동안 아내는 마을 입구에 있는 산타 마리아 성당에 들어가 보고는, 십자가가 Y자 모양으로 독특하다고 얘기했다.

한국 사람 말대로 5km를 더 갔다. '베네비베레 수도원' 유적에 공원이 딸려 있기는 한데 제대로 관리가 안 돼 다 쓰러져 가는 모습이었다. 그런데 주위에 숙소가 있을 만한 곳이 보이지 않았다. 만일 숙소가 없으면 카리온 데 로스 콘데스까지

5km를 되돌아가거나 아니면 11.5km를 더 가야 한다.

마침 공원에서 쉬는 순례자 둘이 보였다. 헝가리에서 왔단다. 이 근처의 숙소를 아느냐고 물었더니 잘 모른단다.

옆에서 건물 수리하는 사람에게 지도를 보여 주며 "알베르게?" 하고 물었다. 그런데 근처에는 알베르게가 없단다. 큰일이다. 지난번 고생했을 때와 비슷한 상황이었다. 하지만 카미노에서 되돌아가는 일은 없다. 무리를 하면 발이 다시 악화될까 봐 걱정되기는 하지만 가기로 했다.

멀리 가려면 힘이 필요하다. 그래서 아예 자리를 펴고 쉬었다. 헝가리 여인들과 함께 1990년대 중반에 헝가리에 갔던 이야기, 그때 만난 순수한 헝가리 사람들의 이야기 등을 나누었다.

오후 시간이라 바람도 없고 햇볕도 더 강하고 뜨거웠다.

이제 우리는 아침에 출발할 때 도착 시간을 거의 정확히 맞출 수 있는 경지에 도달했다. 우리가 가는 속도가 거의 일정하기 때문이다. 그런데 이 길에서는 그게 잘 되지 않았다. 피곤해서 속도를 제대로 내지 못하는 데다, 끝도 없이 직선으로 뻗은 신작로라 얼마를 걸었는지 거리 측정이 어렵기 때문이었다.

꽤 많이 걸어와서 이제는 마을이 나타날 만한데 마을이 보이지 않았다. 어느 마을이든 들어갈 때는 멀리서부터 성당의 종탑이 제일 먼저 보였다. 그런데 아직 종탑이 보이지 않았다. 힘이 빠졌다. 중간에 쉬면서 "조금 더 참고 가자."라고 서로 격려했다. 지루하게 한참을 더 갔다. 길가에 쉼터가 보여 잠시 쉬며 표지판을 보니 아직도 30분은 더 가야 되는 듯했다. '이래서 사람들이 메세타 구간을 건너뛰는구나.' 하는 생각도 들었다. '그래도 참고 가야지 별 수 있나?' 하며 다시 출발했다.

다시 출발해서 가는데 갑자기 길이 내리막으로 바뀌면서 아래쪽에 숨어 있던 마을이 보였다. 얼마나 반가운지 아내가 외쳤다.

"하느님, 감사합니다!"

오늘 걸은 거리는 37.2km다. 거의 이틀 치를 걸은 셈이다. 샤워하고 발부터 보았다. 양쪽 새끼발가락은 괜찮은데, 이번에는 왼쪽 가운데 발가락 위쪽으로 물집이 생기려고 했다. 그래도 그렇게 견뎌 준 내 발이 또 신통하다.

이곳 알베르게 봉사자는 헝가리 사람이다. 우리를 뒤따라 온 헝가리 여자들과 같이 포옹하며 반가워하는 모습이 보기 좋았다.

카미노를 하는 모든 사람의 마음이 이렇지 않을까?

뜰에서 쉬면서, 또 저녁을 먹으며 새로운 사람들을 만났다. 독일 태생으로 스페인에 살면서 카미노 관련 책을 포함하여 15권이나 책을 썼다는 여인, 싱가포르에서 태어나고 자라서 동양인을 잘 안다는 미국 아가씨, 혼자 여행을 즐긴다는 네덜란드 여인, 별로 말이 없고 가끔은 기도하는 모습을 보이는 조용한 분위기의 영국 청년, 학생인 듯한 또 다른 독일 청년 등을 만났다.

내일이면 다시 못 볼 수도 있는 사람들이란 걸 서로 알면서도, 모두들 즐겁고 유쾌하게 지금의 만남을 맘껏 즐기며 오늘의 피곤을 잊는다.

순례자 옷을 입은 성모님

카미노 18일 4월 17일(일)

  칼사디야 데 라 쿠에사
　　Calzadilla de la Cueza

 테라디오스 데 템플라리오스　　　산 니콜라스 델 레알 카미노
　　Terradillos de Templarios　　　　　San Nicolás del Real Camino

 사아군
　　Sahagún
　　22.4km

　어제 마을에 채소와 과일을 팔러 다니는 차가 왔을 때 사 둔 바나나로 아침을 대신했다. 그러고는 헝가리 여인들과 함께 출발했다.

　오늘도 직선 도로라 가기는 쉽다. 두루미인 듯 큰 날개를 펼치고 고고하게 날아가는 새의 자태가 멋있다.

　어느덧 10km쯤 가서 '테라디오스 데 템플라리오스'에 도착했다. 이제 이 정도 거리는, 더구나 아침에는 식은 죽 먹기다.

　이곳은 우리가 출발한 생장피드포르에서 산디아고 데 콤포

카미노 여정의 중간 지점인 테라디오스 데 템플라리오스를 지나며.

스텔라까지의 중간 지점이다. 이제 반을 통과하게 된 것이다. 헝가리 여인들과 서로 기념사진을 찍어 주었다.

'산 니콜라스 델 레알 카미노'에 도착한 시각이 11시 10분. 벌써부터 배가 고파서 처음 만나는 식당에 들어갔다. 우리는 각각 '플라토 콤비나토'를 쇠고기와 돼지고기로 나누어 시키면서 계란은 빼고 야채만 달라고 주문했다. 한 접시에 구운 고기와 야채, 감자 칩을 얹어서 먹는 메뉴다. 이제는 주문하는 요령을 알기도 하지만, 주인이 영어를 조금이나마 할 줄 알아서 원하는 주문을 할 수 있다. 둘 다 맛있었다. 야채를 더 달라고 하니 더 주었다. 인심도 좋다. 주일 미사 시간을 물어보니 11시에 시작했단다. 이미 늦었다.

식탁 위에 놓인 신문을 펼쳐 보다가 우연히 지역별 날씨를 그림으로 표시한 것을 보았다. 우리가 가는 지역에는 다음 주 수요일에 비 예보가 있다는 것을 확인했다.

식사를 하고 가는 길에 마을 성당에 들렀다. 막 미사를 마치고 나오는 사람들이 손에 성지聖枝를 들고 있었다. 그러고 보니 오늘은 주님 수난 성지 주일이다. 성당 안을 보고 싶어서 들어가려는데 그만 문을 닫아 버렸다. 섭섭했다. 저녁 미사는 꼭 참례해야 할 텐데…….

해는 점점 뜨거워지는데 바람 한 점 없는 땡볕 길을 걸으니 땀이 많이 흘렀다. 거기다가 자갈밭 길을 걸을 때는 발이 여전히 고통스럽다.

길옆 나무 위에는 뒤축이 다 닳아 버린 신발을

닳은 운동화가 카미노의 어려움을 말해 주는 듯하다.

알베르게 입구의 순례자 동상 옆에 서서.

나뭇가지 위에 던져 놓은 모습이 보였다. 카미노의 어려움을 말해 주는 듯했다.

조금 더 가면 사아군이다. 발데라데이 강을 건너며 '다리의 성모 성당'에 들렀지만 보수 공사 중이라 내부는 볼 수 없었다.

드디어 사아군에 들어서며 여러 알베르게 중 공설 알베르게를 찾아냈다. 문 앞에 있는 순례자 동상이 인상적이다.

2층으로 올라가 침대를 정하고 발을 보니 왼쪽 가운데 발가락 물집이 커졌다. 마치 발톱이 물 위에서 노는 듯했다.

시에스타 시간이 지나기를 기다려 병원부터 찾았지만 일요일이라 문이 닫혀 있다. 응급실 표시가 있어 찾아가 보니 환자 몇 명이 기다리고 있었다. 드디어 내 차례다. 여의사 선생님이 들어오란다. 그런데 영어가 전혀 통하지 않았다. 게다가 간호사도 없었다. 내가 발을 보여 주자 침대 위로 올라가게 하더니 무조건 바늘로 물집을 찌르고는 물을 빼냈다. 통증은 없었다.

감염은 안 됐다고 한다. 그나마 감염infección이라는 단어의 스페인어 발음과 영어 발음이 똑같아서 알아들을 수 있었다. 소독을 하고 거즈로 감았다. 지금까지 우리가 치료해 온 방법과 똑같다. 치료가 끝났다. 그런데 기다리란다. 왜 그러지? 잠시 후에 영어를 하는 다른 여의사가 오자 그녀를 통해 내게 경고했다.

"앞으로 2~3일간은 걸으면 안 됩니다. 쉬어야 해요."

"저는 가야 되는데요."

"쉬셔야 한다니까요."

"가야 되는데요."

나는 갈 거다. 이 정도는 이길 수 있다는 걸 이제는 안다.

병원을 나와 사아군 시내 구경을 했다. 관광 안내소를 가야 정보를 얻는데, 일요일이라 보나마나 닫혔을 거다.

옛 수도원의 잔해 중에서 그나마 한쪽 벽에 있던 아치만 남아 있다는 '아르코 데 산 베니토'를 둘러보고 혹시나 하는 마음에 그 옆에 있는 '산타 클라라 수도원'을 찾아가 보았지만, 역시 문이 닫혀 있었다. 바로 옆에 있는 박물관도 닫혀 있었다.

문에 초인종이 보여서 무조건 눌렀다. 그런데 인기척이 있었다. 한 수녀님이 나오더니 오늘은 일요일이라 원래는 문을

순례자 옷을 입고 계신 아름다운 성모님.

스페인 아주머니가 준 성지를 집에 있는 십자가에 걸어 놓았다.

안 연다면서 옆에 있는 문을 열며 들어오라고 손짓하셨다. 귀한 것이라는 표정을 지으며 작은 방에 모셔진 성모님을 보여 주셨다. 순례자 옷을 입고 계신 성모님이었다.

그 방을 지나 안으로 들어가려고 했더니, 수녀님이 미안한 표정으로 안 된다고 하시며 문을 닫았다. 우리가 순례자라서 특별히 그 방만 보여 주신 듯했다. 아쉬웠지만 그나마 다행이라 생각하며 나왔다. 그 수녀님의 눈빛이 얼마나 따뜻하게 느껴지던지…….

다른 성당에 갔다. 예수님과 성모님이 여러 모습으로 들것

위에 올려져 있었다. 성주간 동안 여러 사람이 이 들것을 둘러메고 시내를 돌며 행렬한다고 한다.

슈퍼도 모두 문을 닫아서 먹을거리를 살 수가 없었다. 주방은 있는데 재료를 구하지 못해 제대로 못 먹는다며 아내가 안타까워했다. 식당에서 보카디요를 먹었다.

알베르게 옆에 있는 '산 후안 성당'에서 미사 참례를 할 수 있어서 다행이었다. 다른 성당에서도 그랬지만, 평화의 인사를 나눌 때는 멀리 있는 사람들에게까지 다가가서 꼭 손을 붙잡고 인사하는데, 그 모습이 정겹고 인상적이었다. 어제 같은 숙소를 쓰던 몇몇 순례자들이 보여 눈인사를 했다.

미사를 마치고 숙소로 돌아왔다. 알베르게로 막 들어오는데 아까 우리와 같이 알베르게에 도착해서 등록하던 스페인 아주머니가 아내에게 성지를 나눠 주었다. 아내가 좋아했다. 정성껏 둥글게 감아 책갈피에 곱게 모시고 다니다가 결국 집에까지 가시고 와서 집에 있는 십자가에 걸었다. 아내는 지금도 십자가를 쳐다보며 흐뭇해 한다.

배려하는 마음

카미노 19일 4월 18일(월)

오늘은 13.8km만 가거나 30.7km를 가야 했다. 그 사이에는 알베르게가 없기 때문이다. 일단은 멀리 가는 것을 목표로 하되, 내 발이 도저히 못 견디면 짧게 가기로 하고 출발했다.

길도 두 가지였다. 거리는 거의 비슷한데, 원래 순례자의 길이며 로마 황제의 이름을 따서 '트라야누스의 길'이라고도 알려진 길과 고속도로 옆을 따라가는 길이 있다. 나는 로마의 정치 체제와 지도자들의 통치 철학을 좋아한다. 그래서 당연히 로마와 관련이 있는 길을 택했다.

다시 한 번 발 상태를 점검하고는 출발했다. 아침 햇살을 받는 사아군 유적들의 풍광이 유난히 아름다웠다.

1시간 정도 걷다가 배가 고파서, 갈림길인 '칼사다 데 코토'에서 길옆 벤치에 앉아 아침을 먹었다. 우리와 다른 길로 가는 사람들도 보였다.

이 마을을 벗어나면서부터는 고대 로마 때의 길이라고 한다. 로마는 유난히 길을 잘 만들었다. '모든 길은 로마로 통한다.'라고 하지 않았던가. 실제로 당시의 모든 길은 로마를 향해서 아니 로마로부터 뻗어 나가 있었다. 언젠가, 중국과 로마를 비교하면서 두 제국의 가장 큰 차이 중의 하나를 길로 설명하는 글을 읽은 적이 있다. 로마는 성벽을 허물고 길을 뚫어서 물자나 사람의 소통을 원활하게 하는 데 중점을 둔 반면, 중국은 내부를 보호하기 위해 길을 막고 성벽을 쌓음으로써 외세의 침입을 차단하는 데 비중을 두었다는 것이다. 그러면서 로마 길의 길이와 중국 성벽의 길이를 비교한 글이있다. 나는 로마에서 추구한 가치를 더 높이 산다.

길은 대부분 흙길로 평탄하고 곧았다. 길에는 큰 나무가 없어서 해를 가릴 그늘도 없있다. 가끔 자진거 순례자들이 우리를 앞지르며 "부엔 카미노!"라고 인사했다. 그런데 평소 같으면 다른 순례자들과 앞서거니 뒤서거니 하며 인사도 하고 간단히 말도 주고받고 했으련만, 오늘은 다른 순례자들이 보이지 않았다. 앞서 가는 사람도 안 보이고 뒤에 따라오는 사람도 없었다. '길을 잘못 가고 있나?'라는 생각이 들 정도였다.

우리 부부에게는 이렇게 오랜 시간을 재미있게 떠들면서 보낼 만큼의 얘깃거리가 없어 지루했다. 그래도 이런 길에서는 마음이 고요해져서 혼자의 생각을 정리하기에 아주 좋다. 그래서 엉뚱한 생각도 들었다.

가끔 습지가 있다. 개구리 울음소리가 들린다. 그런데 울음소리가 생소하다. 우리나라 개구리가 "개골개골." 한다면 스페인 개구리는 "가아골가아골." 하는 듯하다. 그런데 반대로 스페인 사람들이 들을 때는 우리나라 개구리 울음소리가 생소하다고 하지 않을까? 이렇게 자신이 생각하는 것만이 자신의 기준이 된다. 그러나 다른 사람도 나름대로의 기준을 갖고 있다는 것을 알려는 자세가 필요하지 않을까? 그게 남을 배려하는 자세의 시작이 아닐까?

경찰 순찰차가 지나가며 손을 흔들어 인사했다. 마른 흙길에서 먼지를 일으킬까 봐 우리 옆을 지날 때는 아주 조심해서

천천히 운전했다. 그들의 배
려가 고마웠다. 우리도 손을
흔들어 화답했다.

카미노 중에 세상을 떠난
사람의 무덤을 표시한 십자
가가 보였다. 누군가 야생
화 꽃다발을 만들어 그 앞에
놓았다. 지금까지 오는 길에
가끔 본 모습이다. 무리하지 말라는 교훈을 배운다.

카미노 중에 죽은 순례자의 무덤.

마을에 도착했다. 그만 걸으려면 이곳에서 멈춰야 한다. 이제 내 발은 걷는 데 문제 없다. 쉬다가 움직일 때 새끼발가락에 약간의 통증이 있으나 지금은 나아 가는 중이고, 가운데 발가락도 걸을 때는 전혀 통증을 못 느낀다. 그래서 그냥 가기로 했다.

20km쯤 왔을까? 저 앞에 까마득하게 순례자 두 명이 보였다. 우리가 가는 길이 제대로 된 길이라는 것을 확인이라도 한 것처럼 반가웠다. 부지런히 걸어가서 따라잡았다.

반가운 마음에 그들과 같이 가며 더 얘기를 하고 싶었지만,

길가에서의 점심 식사.
조그마한 것에도 감사함을 느끼게 된다.

빨리 가서 쉬고 싶은 마음이 더 커서 가볍게 인사하고 지나쳤다.

잠시 쉬고 싶은데 그늘이 없다. 겨우 우리 몸 가릴 만한 그늘을 찾아 내고는 아예 자리를 깔고 털썩 앉아서 쉬었다. 신발을 벗고 발도 쉬게 했다.

잼이 담긴 병을 기울여서 빵 위로 잼이 흘러내리는 방법으로 잼을 발랐다. 그렇게라도 잼을 바르면 딱딱하기만 한 빵의 맛이 훨씬 살아난다.

그러는 사이에 아까 만난 순례자들이 다시 우리를 지나쳤다. 다정한 부부 같아 보였다.

30km를 걸을 때 마지막 5km는 언제나 아주 힘이 든다. 특히 햇볕이 강하면 더하다. 우리가 갈 곳은 아직 더 남은 게 분명한데 아내는 왼쪽 뒤로 멀리 보이는 마을을 가리키며 "저 마을인데 지나온 거 아니에요?"라고 자꾸 물었다. 나는 가이드북을 펼쳐 보이며 여기가 책에 나온 곳이고, 앞으로 4km는 더

가야 한다고 설명했다. 그래도 아내는 미심쩍어하며, 혼잣말로 "짜증내면 안 되지." 하는 게 내 귀에까지 들렸다.

몸이 피곤하면 판단이 흐려지고, 마음도 조급해지는 듯하다. 그럴수록 차분해져야 하고 상대방 감정을 건드리지 않도록 조심해야 한다. 아내도 그걸 알고 절제하는 모습이 역력하다. 다행히 조금 더 가다 보니 우리의 목적지 표지판이 나타났다. 그제야 아내가 수긍했다.

마을 입구의 와인 저장고들이 아기자기 예쁘지만, 그보다는 알베르게가 더 반갑다.

아기자기 예쁜 와인 저장고

짐을 정리하고 나서 보니 아까 길에서 만났던 노부부가 우리 침대 바로 옆에서 카메라에 저장되어 있는 사진을 열심히 보고 있었다.

"무슨 좋은 사진이라도 있나요?"

"예, 원형 그대로 보존되어 있는 로마 길을 찍은 겁니다."

"어디에 그런 길이 있었지요? 우리는 못 봤는데……."

"보세요. 여깁니다. 철조망을 쳐서 보호하고 있죠."

자세히 보니 우리가 길을 잃은 것이 아닌가 하고 혼란스러워하던 곳 근처였다. 우리는 그때 그 철조망을 목장에 쳐 놓은 것으로 생각하고는 그냥 무심히 지나쳤다. 그가 설명했다.

"로마 길은 대개 곧게 뻗어 있습니다. 왜냐하면 당시에는 주요 교통 수단이 마차였는데 마차는 회전할 때가 가장 곤란하거든요. 그래서 회전하는 부분을 최대한 줄이다 보니 도로를 직선으로 깔게 되었지요."

그 사람도 로마를 좋아한단다.

아내가 시원한 맥주를 마시고 싶단다. 여태 술 마시고 싶다고 한 적이 없었는데 오늘은 정말 힘들었나 보다. 바에 가서 맥주를 시켜 들고 밖에 있는 의자에 앉았다. 마침 아까 그 노부부도 있어서 합석했다.

"어디서 오셨어요?"

"독일에서 왔습니다."

"카미노 생활을 잘하고 계세요?"

"예, 제가 63세고 아내가 55세인데, 저희 부부는 10년 전부터 매년 조금씩 이 길을 걸었습니다."

"정말 오래되셨네요."

"여기 오면 독일에서는 볼 수 없는 아주 좋은 풍광을 만날 수 있어서 좋아요. 조금만 높은 곳에 올라서면 막힘없이 탁 트인 하늘 아래 펼쳐진 들을 볼 수 있는 게 좋습니다. 독일에서는 그렇게 보려면 아주 높은 산에 올라가야 하거든요. 게다가 여기 와서 많은 사람들을 만나게 되었는데 그 사람들이 한결같이 다 좋습니다."

부인이 옆에 앉아서 듣고 있다가 내 옆에 앉아 있는 아내가 영어를 잘 못하는 걸 눈치 채고는 내게 얘기했다.

"부인에게 우리 얘기하는 걸 통역해 주세요."

부인의 자상함이 고마웠다.

"예, 안 그래도 하고 있습니다."

부인은 아직도 일을 하고 있단다. 카메라에 저장된 손주 사진을 보여 주었다. 제롱떠는 동영상도 보여 주고는 기어이서 어쩔 줄 몰랐다. 나도 손주 보면 저러려나?

바 담벼락에는 낙서들이 많았다. 부인이 독일어로 쓰인 낙서를 해석했다.

"'나는 존재한다. 그리고 먹는다. 그래서 걷는다.'라고 씌어 있네요."

나도 한글로 쓴 것을 번역해 주었다.

"한글로는 '좋은 음악에 감사드립니다.'라고 되어 있네요."

부인이 계속 얘기했다.

"이번 카미노에서 얻은 게 있으면 벽에 써 보세요."

"얻은 게 있다면 더 이상 카미노를 할 필요가 없는 게 아닐까요? 사람들은 무언가를 얻기 위해 카미노를 걸으니까요."

"그럼 여기에 글 쓴 사람들은 다 돌아갔나요? 하하하!"

작은 마을이라 여기에도 미사는 없었다. 덕분에 와인 저장고며 조용한 분위기의 동네 주위를 느긋하게 산책하면서 아내와 데이트를 즐겼다.

레온으로!

카미노 20일 4월 19일(화)

오늘은 카미노 중 두 번째로 큰 도시인 레온에 들어가는 날이다. 주방에서 아침을 먹고 가기로 했다.

꽤 이른 시간인데도 벌써 여러 사람이 출발 준비하느라 부산을 떤다. 아내가 어느새 미역국을 준비했다. 주방이 있는 곳에서만 가능한 일이다. 보카디요를 먹으며 통양상추를 뜯어 튜브 고추장에 찍어 먹었다. 야채와 국이 있으니 카미노 음식으로는 별미다.

일본 청년이 우비를 입고 출발하려고 했다.

"밖에 비가 오나요?"

"예, 어제 저녁부터 내렸습니다."

창문을 열어 보니 땅은 젖어 있는데 비는 오지 않았다. 일본 청년은 멋쩍어하며 우비를 벗고는 먼저 출발했다. 옆에 있는 젊은 프랑스 부부도 출발 준비가 한창이었다.

우리도 따라서 출발했다. 이제 내 발은 물집이 굳은살로 바뀌어 걷는 데 전혀 지장이 없었다.

100m도 못 가서 비가 내렸다. 부랴부랴 배낭에 커버를 씌우고 우비를 꺼내 입었다. 얼마 안 가서 비가 그치자 배낭 레인 커버는 씌워 둔 채로 우비는 벗었다. 번거롭다. 아내는 내 배낭의 빨간 레인 커버가 예쁘단다.

날씨가 궂어서 그런지 몸이 무겁다. 아침도 잘 먹었는데……. 다음 마을에서 바에 들렀다. 먼저 와 있던 어제의 독일 부부가 반갑게 인사한다. 정말 상냥한 아주머니다. 이들은 도스드로 아침을 먹고 있었다. 우리는 카페 콘 레체를 마신 후 먼저 출발했다. 기분이 한결 좋아졌다. 커피 한 잔에 이런 힘이 있었나?

아직도 메세타길이다. 축축한 흙길, 거기다 똑바른 길, 걷기에는 최적이다. 비가 내려서인지 달팽이들이 즐비하다. 그

심조심 피해서 간다.

비야렌테에 도착해 다리를 건넜다. 차가 많이 다니는데 인도가 없어서 차를 피해 겨우겨우 걸었다.

이제 레온까지 남은 거리는 약 12km. 2시간 남짓이면 되겠다. 부지런히 가는데 다시 비가 내렸다. 이번엔 본격적으로 올 기세다. 얼른 다시 우비를 꺼내 입었다. 비는 오락가락했다. 땅이 질척거려서 이리저리 물을 피해야 했다. 자전거 순례자들의 등은 온통 흙탕물이었다.

레온이 보였다. 비는 점차 수그러들었다. 아내는 레온에 우비를 입고 우중충한 모습으로 들어가기 싫다며 우비를 벗었다. 우비 입은 모습이 우중충해 보인다는 것에 동의하지 않지만 나도 같이 우비를 벗었다.

도시마다 카미노 길을 표시하는 방법이 다른데, 레온은 황금색 삼각형에 가리비를 상징하는 빗살무늬를 넣었다. 황금색을 쓴 이유는 돈이 많다는 것을 보여 주기 위한 것이란다. 스페인 북부에서 제일 큰 도시는 부르고스라는데, 잘살기로는 레온이 더 나은 모양이다.

이곳은 교구에서 운영하는 알베르게가 좋다고 해서 그곳을 찾아갔다. 생장피드포르에서 같은 방을 썼던 남아공 부부를 다시 만나 반갑게 인사했다. 우리가 부르고스에서 하루 더 묵은 걸 감안하면, 이들은 우리보다 하루 정도 늦은 셈이다. 어떤 때는 맨발로 걷기까지 하면서 힘들어 하던 부인의 모습을 봤던 터라 내가 물었다.

"괜찮으세요?"

"네, 처음 며칠은 힘들었는데 지금은 아주 좋아요."

"다행이네요. 그렇게 나빴다가도 좋아지는 게 인생 아니겠습니까?"

"네, 그게 카미노이기도 하고요."

레온 시내 도로 바닥에 표시되어 있는 황금빛 가리비 문양.

레온 대성당의 모습.

우리는 이곳에서 하루를 더 머물며 성주간 행사도 보고, 2시간 거리에 있는 '오비에도 대성당'에도 들러 볼 계획이어서 관광 안내소를 찾아가 버스 시간을 미리 알아 놓았다.

관광 안내소 바로 옆에 있는 '레온 대성당'에 들어갔다. 13세기에 지어진 고딕 양식 건물이다. 어느 대성당이든 들어서면 그 웅장함에 위압감을 느낀다.

이곳은 특히 스테인드글라스가 아름다웠다. 흐린 날이라 햇빛이 없는데도 그 아름다움이 느껴졌다. 세세한 묘사, 빛이 유리를 통과하며 드러내는 부드러우면서도 화려한 색깔, 건축물과의 빈틈없는 조화를 보며 그 정교함과 아름다움에 감탄했다.

인간의 능력은 신앙을 바탕으로 할 때 더욱 빛을 발해서 그 능력이 극대화되는가 보다. 도대체 인간의 가능성은 어디까

레온 대성당의 스테인드글라스, 그 정교함과 아름다움에 감탄하지 않을 수 없다.

지인가? 믿음이 있으면 무엇이든 해내지 않는가? 성화, 조각, 보석 등의 성당 유물들을 둘러보며, 문득 신에 대한 경건함과 사치가 공존할 수 있는지 궁금해졌다.

내 안경 코걸이 한쪽이 빠져나갔다. 여러 안경점에 들러 봤지만 맞는 걸 찾을 수가 없었다. 마침 아내가 차고 다니던 가죽 시곗줄도 접착제를 붙인 부분이 떨어졌다. 별 수 없이 둘 다 반창고로 붙여서 임시 조치를 했다. 쓰기에는 지장 없다. 카미노에서는 여러 가지가 도전이다.

알베르게 바로 옆에 있는 성당에서 저녁 미사에 참여했다. 수녀님들이 성가대석에서 성가를 부르는 모습이 이채로웠다.

영성체 때 신부님은 성체를 성혈에 적신 후 내 입에 넣어 주셨다. 그게 '양형 영성체'라고 아내가 가르쳐 주었다. 신앙생활에서는 역시 나보다 훨씬 선배다.

잠시 카미노를 벗어나서

카미노 21일 4월 20일(수)

새벽 6시에 알베르게에서 아침 식사를 준단다. 일찍 잠에서 깨어 기다렸다가 아침밥을 먹었다. 봉사자들이 준비한 바게트 빵과 잼 그리고 커피였다.

그때 갑자기 비가 쏟아졌다. 며칠 전 신문에서 본 일기 예보가 맞았다. 그 비를 뚫고 남아공 부부가 출발하며 하는 이야기가 들렸다.

"오늘 계속 비가 오면 중간에 많이 쉬지 못하니까, 단단히 준비하고 가야 해."

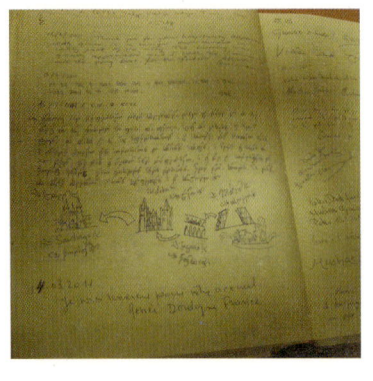
알베르게 방명록. 사람은 누구나 자신의 존재를 기록으로 남기고 싶어 하나 보다.

"그동안 날씨가 화창해서 좋았는데 오늘은 힘 좀 들겠네요."

나도 한마디 거들었다.

"비가 많이 오니 조심하세요. 저희는 여기서 하루 더 묵을 겁니다."

"그러시군요. 좋은 시간 보내세요."

주방 옆에 방명록이 보였다. 나도 몇 자 적고는 어제 예약해 둔 호텔로 짐을 옮겼다. 저녁에 성주간 행사를 보려면 출입 시간에 제약을 받는 알베르게보다는 호텔이 좋을 것 같아서였다.

버스를 타고 오비에도로 갔다. 아주 높은 산을 넘어 북쪽으로 갔다. 경치는 좋은데 우리나라 옛날 대관령 길보다 더 꼬불꼬불했다. 아내가 멀미 기운이 있다며 불편해 했다. 그동안 좋은 공기만 마시며 걷다가 오랜만에 버스를 타니 적응이 잘 안 되나 보다. 이제 차 타는 것보다는 걷는 게 더 편하다며 잠을 잤다. 비가 오락가락했다.

'오비에도 대성당'에 들어가 박물관을 보았다. 세계 문화유산으로 지정받았다는 성유물들이었다. 성화, 조각, 은 세공품 외에도 보석을 박은 십자가 등을 보았다. 옥으로 정교하게 조각해서 작은 병풍첩처럼 만든 것도 있었다. 아름다운 것들이 많은데 사진을 찍을 수가 없어서 아쉬웠다. 그래도 살짝 몇 장은 찍었다.

비는 아직도 오락가락. 다시 레온으로 넘어와 어제 못 본 성 마르틴 성당과 성 이시도로 성당을 마저 둘러보았다. 순례자들에게는 특별 할인을 해 주기도 하고 아예 입장료를 면제해 주기도 했다. 구약 성경 내용을 아브라함부터 순서대로 그린 성화를 보면서 이내에

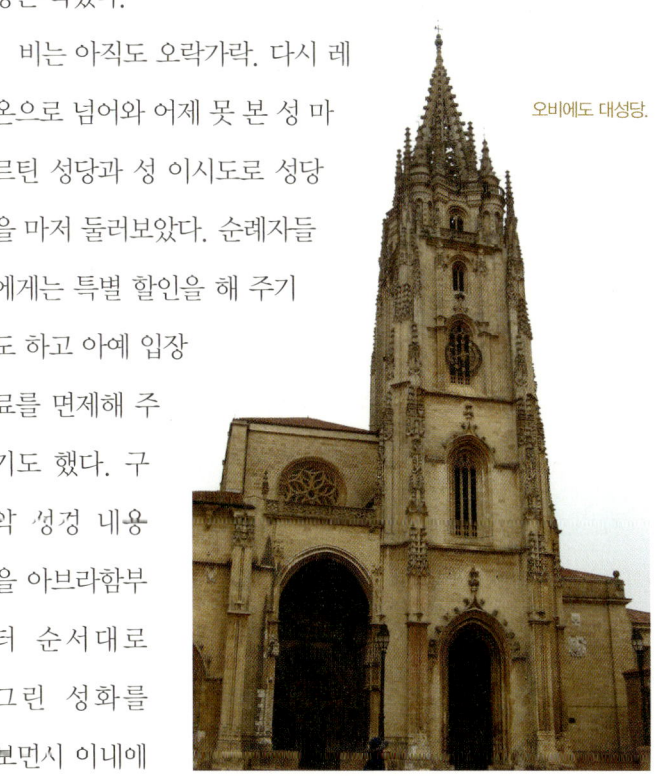

오비에도 대성당.

게 설명해 주었다. 그동안 공부한 성경 내용을 이렇게 성화로 보니 새로웠다.

어제 관광 안내소의 직원이 충고한 대로 부활절 연휴에 대비해 사흘 치 음식을 미리 준비했다. 짐이 또 무거워지겠다. 아내는, 이번 금요일은 금식하는 성금요일이라서 그나마 한 끼분 식사만큼 무게가 줄어든 거라고 했다.

관광 안내소에서 도시별 성주간 행사 내용을 소개한 책자를 얻었다. 사순 및 부활 시기는 가톨릭교회의 가장 큰 축제 시기다. 스페인에서는 성주간 내내 각 마을마다 시간별로 행렬과 미사가 있다. 레온 역시 어제에 이어 오늘 저녁에도 행렬이 있단다.

비가 왔지만 일찍 저녁을 먹고 행렬을 보러 갔다. 하지만 시간이 다 돼도 행렬을 하지 않았다. 결국 비 때문에 취소되었단다. 그걸 보려고 비싼 호텔까지 예약했는데 실망스러웠다.

내일 아침 성 이시도로 성당 앞 광장에서 재집결한다는 사실을 주악대 멤버 중 한 사람에게서 확인하고는 호텔에 들어와 잠을 잤다.

특이한 성주간 행렬

카미노 22일 4월 21일(목)

　행렬 시작 시간은 10시. 우리는 일찌감치 호텔을 나와 대성당에 다시 들어갔다. 아침 햇살을 받아 더 아름다운 대성당 스테인드글라스의 화려함에 또 한 번 감탄하고는 배낭을 메고 이시도로 광장으로 갔다.

　어제 보았던 주악대 멤버들이 모여들기 시작했다. 그런데 다른 곳에서 주악 소리가 들렸다. 저건 또 뭔가 싶어서 알아보니, 이곳은 여러 주악대 중 한 팀이 집결하는 곳일 뿐이고, 여기서 다시 모든 주악대가 모이는 곳으로 이동해서 거기서부터

레온의 세마나 산타 행사.

다른 주악대와 함께 본격적인 행렬을 하게 된단다. 우리도 그곳으로 자리를 옮겨 본격적으로 보기 위해 배낭을 벗어 내려 놓았다.

드디어 행렬을 시작했다. 우리나라의 상여와 유사한 5개의 들것에 각각의 형상을 만들어 올리고 그 들것을 사람들이 메고 시가지를 걸어가면 주악대와 사람들이 따라갔다.

들것을 멘 사람들은, 들것마다 다르긴 하지만, 같은 모양의 두건과 긴 옷으로 얼굴과 몸을 가리고 있었다. 각 들것의 뒤를 따르는 주악대나 사람들의 행렬도 그런 복장이었다.

5개의 들것에는 순서가 있었다. 빈 십자가에 흰색 천이 걸쳐져 있는 모습, 예수님이 십자가를 지고 가시는 모습, 예수님이 십자가에 못 박혀 계시는 모습, 십자가에서 내려진 예수님을 안고 계신 성모님 모습, 눈물을 흘리며 슬퍼하시는 성모님 모습의 순서였다. 예수님이 십자가에 못 박혀 돌아가신 상황을 순서대로 표현한 듯하다.

이 행렬에 참석한 사람들의 모습에서 진지함이 느껴졌다. 어떤 사람은 맨발로 가기까지 했다. 주악대가 연주하는 음악도 아주 슬픈 곡조였다. 나는 사람들이 얼굴과 몸을 가리고 있는 이유를 나름대로 생각해 보았다. 우리를 위해 희생하신 예수님 앞에서 감히 얼굴과 몸을 드러내고 다닐 수 없다는 것을 표현하고자 한 것이 아닐까?

행렬이 진행되면서 나는 예수님의 희생과 부활 그리고 성모님의 슬픔의 의미를 다시 하나하나 되새겼다. 예수님의 희생을 통해서 우리는 구원되었고, 부활을 통해서 희망을 갖게 되었다. 성모님의 슬픔은 주님의 뜻에 따르는 순종의 의미와 모든 아픔을 받아들이시는 자비의 슬픔이리라.

이 행렬에는 남녀노소 모든 계층이 참여했다. 사회 각 분야에서도 모두 적극적으로 참여한다는 느낌이 들었다. 또한 이 행렬은 경찰이 선도하며 보호해 주었다. 우리나라 가톨릭교회에서도 부활 전 성주간 행사로 이런 행렬을 할 수 있을 거라는 생각을 해 보았다.

처음 보는 행렬을 의미 있게 보고 다시 길을 걸었다. 오늘 갈 거리는 그리 부담스럽지 않았지만 어제 사 넣은 며칠 치 식량 때문에 배낭이 무거웠다. 15kg은 되는 듯, 걸을 때마다 무릎에 부담을 느꼈다. 그래도 2시간에 12km를 갔다. 이제는 걷는 데 숙달된 느낌이다.

길옆에 순례자들을 위해 만들어 놓은 듯한 큼지막한 벤치에 앉아 다른 순례자들과 함께 점심을 먹었다. 아내는 내 배낭에서 제법 무게가 나가는 과일들을 빼서 자기 배낭에 넣었다. 자기 배낭에 있던 점심거리를 먹었으니 그만큼은 채워도 된단다. 사실 무겁다고 느끼고 있었는데 아내에게 고맙다.

해가 나면 땡볕에 가야 해서 힘든데, 구름이 가려 주는 데다 어제 내린 비로 땅도 축축해서 걷기에는 제격이다. 신나게 또 걸었다.

대부분의 바에서는 순례자들이 화장실을 자유롭게 쓸 수 있다는 점을 이용해 초사스 데 아리바에 있는 바에서 화장실에 들렀다. 벤치에서 잠시 쉬면서 자두를 꺼내 먹고는 다시 출발

한가로운 양치기와 풀 뜯기 바쁜 양들.

했다. 그런데 아차, 주인아저씨가 알려 주지 않았으면 자칫 또 길을 잘못 들 뻔했다. '천사님 고맙습니다.'

길을 가다가 노새를 탄 채 양떼를 몰고 가는 목동을 만났다. 우리를 보고는 반갑다고 손짓하며 인사했다. 카미노 중에 처음 만났다며 아내가 좋아했다.

개 두 마리가 양 떼를 보호하며 몰고 다녔다. 개는 신통하게도 길옆으로 벗어나 차도로 가려는 양들을 안전한 쪽으로 몰았다. 옆을 쳐다볼 겨를도 없이 허겁지겁 풀을 뜯는 모습이나 물웅덩이를 건너려 바둥바둥 애쓰는 양의 모습을 보면 그다지 평화로워 보이지는 않는다. 양은 시력이 나빠서 다른 양 목에 걸린 워낭 소리를 따라다닌다고 아내가 얘기했다. 그래서 그 양이 절벽에서 떨어지면 모두 따라가 떨어진단다. 믿거나 말거나.

목적지인 비야르 데 마사리페에 도착했다. 여러 개의 알베르게 중에서 제일 비싼 알베르게로 가게 되었다. 그래도 성당이 바로 옆이라 그냥 머물기로 했다. 창문을 열면 성당이 바로 보이는 데다가, 2층 침대 하나만 있는 방이라 둘만 있어서 좋았다. 마을에는 별로 볼 게 없어서 방에 머물렀다. 갑자기 천둥 번개가 치며 우박이 쏟아졌다가 또 금방 날이 개었다.

저녁에 성목요일 미사에 참례했다. 감실에 있던 성체를 바로 옆에 임시로 만든 현양 제대('수난 감실'이라고도 함.)로 옮기는 의식 중에 갑자기 번개가 치며 비가 쏟아지더니 전등이 꺼졌다. 부랴부랴 촛불을 켜고 계속 진행했다. 예수님께서 십자가에서 돌아가실 때에도 천둥 번개가 쳤다고 아내가 얘기해 주었다. 그러면서 지금 의식은 예수님께서 돌아가시어 높이 현양됨을 뜻하고, 성금요일 예식 중에 성체를 다시 감실로 모신다고 설명해 주었다.

여기서도 양형 영성체를 했다. 미사가 끝나니 비도 그쳤다.

나중에 보니 알베르게를 포함해 마을 전체의 전기가 나갔다고 한다. 아내가 빨래를 걷어 방 안으로 가져 오면서 춥다고 몸짓 언어로 히터

감실에 있던 성체를 현양 제대로 옮긴 모습.

를 틀어 달라고 했다니까 이제 곧 따뜻해지겠지.

내일은 성금요일이라 아침도 굶고 30km를 넘게 가야 하는데……. 그걸 생각하며 잠자리에 들었다.

성금요일의 빗길 걷기

카미노 23일 4월 22일(금)

비야르 데 마사리페
Villar de Mazarife

오스피탈 데 오르비고
Hospital de Órbigo

아스토르가
Astorga

30.1km

먼 길을 가야 하기에 일찍 일어났다. 비가 제법 내렸다. 우리나라 장맛비 같아서 금방 그칠 것 같지 않았다. 사과 한 개씩을 먹었다.

"사과는 금식에 위반 아닌가?"

"카미노니까 이 정도는 괜찮아요."

"오늘은 한 번 출발하면 비가 와서 쉬기도 어렵고, 금식이라 아침 먹기 위해 쉴 일도 없으니 최소한 점심 때인 12시까지는 쉬지 않고 갈 거야. 괜찮겠어?"

"당신이나 챙겨요."

단단히 마음먹고 마을을 나서는데 숲속에서 빗소리를 뚫고 새들의 합창 소리가 유난히 크게 들렸다.

"비도 오는데 잘 걸어가라고 새들이 격려해 주는 거예요."

아내는 어느새 새소리도 즉각 통역할 수 있는 경지에 이르렀다. 길옆을 흘러가는 시냇물 소리는 물론 빗소리마저도 정겨웠다. 중간에 몇 개의 마을을 들르지 않고 그냥 지나쳤다.

성당을 마주치면 꼭 문을 열어 보곤 하는데 아침 시간에는 주로 닫혀 있다. 아내는 문이 열려 있는 성당을 만나자 문틈으로 살짝 안을 들여다보더니 십자가의 길 기도를 드리고 있는 중이라며 부담스러워서 못 들어가겠다고 했다. 그러고는 십자가의 길 기도란 예수님이 성금요일에 수난받으시고 돌아가신 길을 하나하나 묵상하는 기도인데, 특히 성금요일에는 교우들이 나 함께 모여 십자가의 길 기도를 바친다고 설명해 주었다. 또 하나 배웠다.

비가 계속 내렸다. 가는 속도는 아무래도 평소보다 느린 듯했다. 가는 중에 큰 도로 옆을 따라가는 길과 들길로 나뉘는 곳에서 우리는 생각할 것도 없이 들길을 선택했다. 그런데 빗속의 이 길은 진흙탕이었다. 물에 빠지지 않고는 갈 수 없는 곳도 있었다. 신발에 물이 차기 시작했다. 그래도 공기는 좋다고 위로하며 쉬지 않고 빗길을 갔다.

꽤 가파른 언덕 꼭대기에 올랐다. 배낭을 한 번도 내리지 않고 5시간가량을 걸어온 것이다. 12시경, 마침 비도 수그러드는 듯하고, 최소한이긴 하지만 성금요일 금식을 지켰으니 점심을 먹기 위해 자리를 깔았다. 자연스레 털퍼덕 쓰러지듯 앉게 되었다. 그래도 기분은 상쾌했다.

식빵에 잼을 바르고 치즈를 얹어 맛있게 먹었다. 역시 배가 고프면 뭐든지 맛있다. 여러 사람이 우리 앞을 지나쳤다. 한 번이라도 같이 식사를 했거나 얼굴을 본 적이 있는 사람은 더 반갑게 인사하게 된다. 사람은 그렇게 사람을 알아 가게 되나 보다.

다시 출발하면서 나는 우비를 벗어서 배낭에 넣고 가는데 아내는 그냥 입은 채로 갔다.

"분명히 조금 가다 벗을걸, 벗고 가지 그래?"

아내는 그냥 간단다. 그러면서 "양말에 물 들어와서 다 젖었을 텐데 갈아 신고 가지 그래요?" 한다. 나는 남은 거리가 얼마 안 되니 도착해서 갈아 신으면 될 것 같아 그냥 가겠다고 했다. 하지만 조금 가다가 둘 다 견디지 못하고 아내는 우비를 벗고, 나는 양말을 갈아 신었다. 비겼다.

생각보다 시간이 더 걸려서 아스토르가에 도착했다. 역시 오늘 처음 걸어 본 빗길 30km는 힘들다. 부지런히 짐을 풀고 샤워한 후 발부터 점검했다. 상태가 좋았다. 오늘 걷느라 무리가 됐을 텐데, 소독을 하지 않아도 괜찮을 정도로 많이 아물었다. 얼른 아내에게 보여 주었다. 아내도 좋아했다.

몸은 참 신기하다. 충격을 받으면 그 충격을 못 이겨 이상 증세가 나타나지만, 나중에는 단련되어 그 충격을 견뎌 내도록 더 단단해지는 것 같다. 그래서 단련이 필요한가 보다.

레온에서 확인한 지역별 성주간 행사를 기초로 다시 이곳 행사 계획을 확인했다.

먼저 대성당에 가서 주님 수난 성금요일 예식에 참여했다. 성금요일 예식이라 의미가 크다는 것을 알면서도 자꾸 졸음이 쏟아졌다. 그래도 예수님상에 입 맞추는 십자가 경배는 할 수 있었다.

대성당 바로 옆 카미노 박물관은 성주간이라 관람하지 못

왼쪽 건물은 대성당, 오른쪽 건물은 안토니오 가우디가 설계한 카미노 박물관 건물이다.

하고, 안토니오 가우디가 설계했다는 독특한 건물의 겉모습만 감상했다.

박물관 전시물 중에는 우리가 이틀 후에 만나게 될 푸에르타 이라고에 '크루스 데 페로Cruz de Ferro' 철 십자가의 원본이 있다고 들은 적이 있어서 꼭 보고 싶었는데 아쉬웠다.

이어서 행렬이 있었다. 알베르게 앞에서 출발했는데, 성금요일이어서 그런지 행렬의 내용과 순서가 레온과는 달랐다. 레온에서 느낀 것과는 또 다른 경건함이 느껴졌다.

위: 두건과 겉옷의 모양이 다양한 세마나 산타 거리 행렬.
아래: 아스토르가 세마나 산타 거리 행렬에는 어린아이들도 진지하게 참여한다.

예수님과 성모님 이외에 사도 요한과 베드로의 모습도 보였다. 그러고는 빈 관이 마지막에 따라갔다. 행렬을 마치고는 시청 앞 광장에 모두 모였다. 돌아가신 예수님을 십자가에서 내린 후 메고 온 관에 넣었다. 그러고는 그 관을 들고 또 행렬했다. 열심히 보느라 저녁 식사 시간을 놓쳤다.

남은 빵으로 저녁을 해결하려는데 허기져 하는 나를 본 아내가 나가서 먹자고 했다. 행렬이 끝난 사람들이 식당으로 몰려들어서 자리 잡기가 어려웠다. 겨우 식당을 찾아 들어가 피자와 스파게티를 맛있게 먹었다. 나중에 보니 그 식당은 어린이들이 주로 이용하는 식당이었다. 아무려면 어떠랴, 맛있으면 됐지.

오늘은 4인 1실이었다. 한국 아가씨 2명이 우리 방에서 같이 자게 됐다. 다섯 살 터울의 자매였다.

하느님의 이끄심을 느끼다

카미노 24일 4월 23일(토)

일찍 잠이 깼다. 같이 잔 자매도 일어났다. 평소 같으면 자고 있는 사람에게 방해될까 봐 조심했을 텐데, 오늘은 방에 불을 환하게 켜고 편하게 짐을 꾸렸다. 자매는 주방에서 아침 식사를 하고 출발하겠단다.

깜깜한 새벽, 아스토르가 시내를 지나가는데 시끄러운 소리가 들렸다. 열려 있는 바에서 젊은이들이 떠드는 소리였다. 괜히 궁금해져서 바에 들어갔다. 젊은 남녀들이 술에 취해 흔들거리며 떠들어 댔다. 밤을 샌 것 같았다. 배낭을 메고 들어

오는 우리가 신기해 보이나 보다. 그래도 우리를 보고는 큰 소리로 환호하며 반갑게 인사했다. 젊은 혈기는 발산하지 않고는 못 견디나 보다.

깜깜한 아스토르가 시내를 벗어나면서 카미노 표시가 확실하지 않아서 잠시 헤맸다. 그러는 중에도 어느새 10km를 갔다. 산타 카탈리나 데 소모사에 있는 바에 들렀다. 알베르게를 함께 운영하는 바라 그런지 아침 일찍 문을 열었다. 이 알베르게에서 자고 출발하려는 레온 출신의 아가씨들 셋이 앉아서 아침 식사 중이었다.

늘 그랬듯이 카페 콘 레체를 시켜, 가지고 있는 빵과 함께 먹었다. 친구 사이라는 이 아가씨들은 휴가 기간 동안만 카미노를 걸을 거란다. 땅딸보 아가씨는 고생 좀 하겠다. 나중에 그 아가씨를 다시 만났는데 결국 나머지 구간은 택시 타고 가기로 했단다.

어제 같은 방에서 잔 자매를 만났다. 우리가 아침을 먹으며 쉬는 사이에 따라온 것이다. 같이 가면서 여기 오기 전 한국에서 훈련한 얘기, 카미노에서 신앙의 중요성, 지금까지 우리 부부의 성공적인 카미노 여정 등 여러 얘기를 들려주었다. 오랜

만에 한국말을 하니 시원한 느낌이었다. 아내도 좋은 말 상대를 찾았다며 좋아했다. 친정 조카 같은 느낌이 든단다.

그런데 이들의 스틱 사용법이 우리와는 달랐다. 전문 트래킹을 교육하는 데서 배웠다는데, 스틱을 길게 잡고 양손의 스틱을 동시에 앞쪽으로 놓으면서 스틱에 몸을 실어 앞으로 이동하는 방법이었다. 해 보니 이 방법도 괜찮았다.

쉬엄쉬엄 왔는데도 벌써 목적지인 라바날 델 카미노에 도착했다. 겨우 11시 반이었다. 시간상으로는 훨씬 더 많이 갈 수 있지만, 그레고리안 성가로 진행되는 부활 성야 미사에 참례하기 위해 머무르기로 했다. 자매도 머물겠단다.

영국 야고보협회에서 운영하는 알베르게로 갔다. 알베르게는 아직 문도 열지 않았다. 그래도 혹시나 싶이 문을 두드렸

부활 성야 미사 참례를 한 산타 마리아 성당.

더니 문이 열렸다. 여성 봉사자가 문 근처에 있는 화장실을 청소하다가 문 두드리는 소리를 듣고 열었단다. 2시에나 문을 연다고 하여 우리는 배낭만 맡겼다.

미사 시간을 알아보려고 바로 앞에 있는 성당으로 갔다. 베네딕토 수도회에서 운영하는 성당이란다. 문이 열려 있어 들어가 보니 신부님이 계셨다. 지금까지 보아 온 스페인 신부님들은 대체로 영어를 잘 못했기 때문에 혹시나 싶어 물었다.

"혹시 영어 할 줄 아세요?"

그러자 신부님은 가당치 않다는 표정으로, 'you'를 유난히 강조해서 내게 되물으셨다.

"그러는 당신이야말로 영어 할 줄 아나요?"

"예, 저는 조금 합니다만."

"영어 잘하시네요. 오늘 저녁 10시 반에 부활 성야 미사가 있는데, 순례자 중 한 사람에게 영어 독서를 맡기려고 합니다. 당신이 하면 어떻겠어요?"

"저로서는 정말 영광입니다."

"좋아요. 그럼 당신이 오늘 성야 미사 독서자입니다."

"알겠습니다. 그런데 알베르게 문 닫는 시간이 있을 텐데, 늦으면 어떡하나요?"

"그건 내가 알베르게 운영자에게 얘기해서 문제없도록 하지요."

신부님은 우리나라 '성 베네딕도회 왜관 수도원'과 유대가 있다고 하셨다. 서울 장충동에 있는 성 베네딕도회 서울 수도원은 작년 겨울에 내가 피정을 갔던 곳이고, 이번 카미노를 걷도록 계기를 만들어 준 곳이기도 하다.

가만히 생각해 보면 이건 하느님의 뜻이 아닌가 싶다. 더 갈 수 있는 길을 가지 않고 여기에 머무르기로 한 것이며, 성당에서 신부님, 그것도 베네딕도 수도회 신부님을 만난 것이며, 신부님이 한눈에 선뜻 나를 독서자로 지명하시고 내가 신부님 요청을 주저 없이 받아들인 것 하나하나가 그리 쉽게 이루어질 일들은 아니다. 그런데 그 모든 것이 마치 사전에 짜여져 있었던 것처럼 일순간에 거리낌 없이 진행되었다. 생각할수록 신기했다. 설레는 기분이었다. 아내도 좋아했다.

알베르게 문을 열 때까지 시간이 한참 남았다. 자매와 함께 슈퍼에도 들르고 산책도 하고 간식도 먹고 사진도 찍고 수다도 떨었는데 시간이 남았다. 혹시 문을 일찍 열 수도 있겠다 싶어서 알베르게 앞에서 기다렸다. 다른 순례자들도 도착해서 문 앞에 배낭 줄을 세워 놓았다. 드디어 문이 열려 등록했는데, 여기는 빈대 방지 일회용 시트 커버를 별도로 줘서 더 안심이 되었다. 정리한 후 침대에서 한숨 잤다.

차 마시는 시간이라며 아내가 나를 깨웠다. 두 명의 봉사자 외에도 여러 사람이 앉아서 차를 마시고 있었다. 여성 봉사자인 매기에게 여기 카미노에서 착안해 우리나라 제주도의 올레 길이 생겼다고 설명해 줬더니 자부심을 느낀단다. 스위스 출신이며 지금 스위스 야고보협회 회원이라는 한 부부는 스위스에서부터 카미노를 시작해서 지금까지 걷고 있단다. 2,000km가 넘는다고 한다. 내년에는 스위스에서 로마까지 걸을 예정인데, 그 길에는 알베르게가 없어 호텔에서 숙박해야 하기 때문에 비용이 많이 드는 게 걱정이란다. 정말 대단했다.

흑인 남편과 함께 있는 덴마크 여자는 우리가 신기해 보였나 보다. 동양인이 가톨릭 신자인 것도 그런데다가 피곤한 몸으로 밤 늦게 미사 참례까지 할 정도로 열심인 것이 흥미롭게 보인단다.

영국 출신 봉사자 존과 매기에게 고맙다. 귀찮은 일을 마다하지 않고 하려는 모습, 순례자들에게 최대한 친절하게 대하려는 모습, 스스로 즐겁게 지내려고 노력하는 모습이 역력하다. 봉사자들은 최소한 한 번씩은 카미노를 완주한 사람들로, 2주일씩 일하고 교대한단다. 사람을 대하는 일, 그것도 매일매일 새로운 사람을 대하는 일이 얼마나 힘든지 나는 안다. 그런데도 봉사자들은 일이 그렇게 많지 않아서 전혀 힘들지 않단다. 전에 몬하르딘에서 만난 네덜란드 봉사자도 똑같은 말을 했었다. 봉사란 이렇게 마음에서 우러나 하는 일이라서 즐겁게 하는 걸 거다.

저녁 식사 시간. 오랜만에 밥과 국을 먹었다. 자매는 밥을 하고 아내는 아까 산 양파와 감자, 소시지에다 갖고 다니던 라면 스프를 넣고 국을 끓였다. 우리 넷이서 주방 전체를 차지해 요리하고 식사했다. 다른 사람들은 모두 다 마을 식당으로 간 모양이다. 밥그릇은 접시고 국그릇은 큰 머그잔이다. 여러 사람의 정성이 들어갔으니 맛이 없을래야 없을 수가 없다. 아가씨들이 갖고 다니는 김도 먹고, 양파도 고추장에 찍어 먹었다. 카미노의 진수성찬이었다. 나는 밥과 국 세 그릇씩을 단숨에 먹어 치웠다.

알베르게에 있는 벽난로에 불을 피우고 사람들이 둘러앉았나. 아내는 벽난로에 불 때는 것을 처음 봤다고 좋아하면서 곁

부활 성야 미사 중 독서하는 모습.

에 앉아 양말도 말리고 가이드북도 보며 한참을 즐겼다. 벽난로는 침실을 데우는 기능도 했다.

옆에 있는 스위스 사람이 책에서 통계를 보고 얘기하는 게 흥미로웠다. 2009년에 산티아고를 찾은 사람의 국적별 통계란다. 1위는 69%를 차지한 스페인, 2위는 독일, 3위는 프랑스, 4위는 이탈리아, 5위는 스위스, 그리고 6위가 한국이란다. 우리나라의 비중이 생각보다 크다. 작년에 한국 사람 1,420여 명이 이곳을 찾았단다.

신부님께서 알베르게로 직접 오셔서 성경을 주시며 내가 읽을 부분을 알려 주셨다. 성당으로 데리고 가서 앉을 자리도 알려 주셨다. 읽을 곳은 창세기 22장. 아브라함이 하느님의 지시에 따라 외아들 이사악을 번제물로 바치려 함으로써 주님으로부터 믿음을 확인받는 내용이다. 나도 '성서 백주간' 공부를 하면서 읽었던 내용이고, 레온 박물관에서 성화로도 본 장면

이라 이해하기가 쉬웠다. 연습 삼아 소리 내어 몇 번 읽었다. 아내는 독서를 해 본 적이 있지만 나는 경험이 없었다. 제대를 향해 인사한 후 독서대에 올라가서 성경에 인사하고, 내려올 때 제대를 향해 인사하는 절차를 아내에게서 배웠다.

밤 10시. 동네 사람들이 성당 문 앞에 모이기 시작했다. 다른 순례자들은 모두 자고 우리 부부와 자매만 나갔다. 시간이 되니 신부님과 수사님들이 나타났다. 성당 밖의 부활초에 불을 붙인 후 각자 하나씩 갖고 있는 작은 촛불에도 불을 붙였다. 신부님들이 앞장서고 그 뒤로 신자들이 줄지어 성당으로

부활 성야 미사가 집행되는 모습

입장했다. 12세기에 지었다는 성당은 좁은데다가 벽이 떨어져 나간 상태 그대로 있어서 아주 낡은 느낌이었다.

나는 이런 부활 성야 미사에 참례하는 게 처음이다. 외국에서의 참여만으로도 신비스러운데 독서까지 하게 되다니, 정말 영광스러웠다. 나는 스페인 사람에 이어 두 번째로 나가 독서를 했다. 독서는 여러 나라 말로 했다. 스페인어, 불어, 독어 그 외에 다른 나라 말도 있는 듯했다. 부활 성야 미사에서는 독서를 일곱 번이나 한다고 아내가 알려 주었다.

미사는 그레고리안 성가로 독특하게 진행되었다. 그래서 더욱 경건한 느낌을 주었다.

개신교 신자인 한국인 자매 아가씨들은 영성체 예식 때 숙소로 돌아갔다. 우리 부부는 뜻 깊은 부활 성야 미사를 마치고 12시가 넘어서야 잠자리에 들었다.

Santiago de Compostela
산티아고 데 콤포스텔라

벤타스 데 나론
멜리데
트리아카스텔라
사리아
비야프랑카 델 비에르소
오세브레이로
물리나세카
라바날 델 카미노
아스토르가
비야르 데 마사리페
벨에고스
레온
사아군
칼사디야 데 라 쿠에사
카스트로헤레스
프로미스타
부르고스
오르니요스 델 카미노
비야맘비스티아
아타푸에르카
아소프라
그라뇽
비야나
나바레테
비야마요르 데 몬하르딘
로르카
라라소아냐
우테르가
생장피데포르
룬세스바예스

두 번에 걸쳐 높은 산을 넘으며 카미노 구간 중 가장 고도가 높은 구간을 지나게 된다. 그러나 그곳에서 철 십자가를 만나고 거기에 여러 사람들의 염원을 담은 기도문을 묻으며 주님을 느낄 수 있어서 좋다. 또한 시야가 탁 트인 높은 산 위에서 아름다운 주위 경관을 맘껏 감상할 수 있어서 좋다. 마침 산과 들에 만개한 꽃들과도 같이 있을 수 있어 행복을 느낀다.

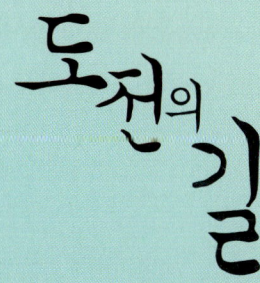

도전의 길

기도문을 묻다

카미노 25일 4월 24일(일)

아침 식사는 7시부터 가능해 6시에 일어나 준비하고는 주방으로 갔다. 여성 봉사자 매기가 아침 식사를 준비하며 내게 물었다.

"어젯밤 미사에 참석했어요?"

"예, 아주 좋았습니다."

"그러고도 제일 먼저 일어나셨네요."

매기가 칭찬하며 엄지손가락을 세워 보였다.

"감사합니다."

식사 후 남성 봉사자 존에게 고마움의 표시로 악수를 하고 출발했다. 자매도 같이 출발했다. 우리가 앞서서 갔다.

메세타 지역은 어제까지 다 지나온 듯하다. 오늘 가는 길은 험한 산길이다. 다행히 날씨는 아주 좋았다. 오르막 산길을 한참 갔다. 봄이 깊어졌는지 꽃이 많이 피어 아름답다.

비가 약간씩 내리기 시작했다. 우리는 서서 배낭을 멘 채 레인 커버로 서로의 배낭을 씌웠다.

폰세바돈 마을을 지나는데 세찬 비가 오기 시작했다. 비바람 속에 우비를 입고 언덕을 올라 철 십자가에 도착했다. 고도 1,505m란다. 높은 기둥 위에 작은 십자가가 올라 서 있다. 카미노 길 중 가장 높은 곳에 있는 십자가다. 수많은 사람들의 기도가 돌무더기가 되어 철 십자가를 둘러싸고 있다. 어떤 젊은 청년은 빗속에서도 철 십자가 앞에서 무릎을 꿇고 한참 동안 기도했다. 우리도 여러 사람들로부터 받아온 기도문과 우리의 기도를 담은 돌을 철 십자가 밑에 두고 기도했다.

"주님, 이 길을 걸어가는 저희 부부에게 은총을 내려 주시고 저희 부부가 용기를 잃지 않도록 힘을 주소서. 또한 여기 묻는 모든 분들의 간질한 기도를 들어주소서."

철 십자가 옆에 안내판과 함께 뭔가가 보였다. 궁금해서 다가가 안내판의 설명을 읽어 보니 사람 몸으로 그림자를 만들어 시간을 알 수 있도록 한 일종의 해시계였다. 자연 속에는 분명히 우리가 모르는 과학이 있다. 해가 떴다면 해시계 위에 한번 올라가 보고 싶은데 아쉽다.

높은 산길을 계속 갔다. 이제는 비도 그쳤다. 잠시 쉬면서 우리가 지나온 곳을 돌아보았다. 구름 사이사이 여러 갈래로 길게 내리쬐는 햇살을 보며 아내가 말했다.

"마치 저기 철 십자가 위로 성령이 내리시는 것 같네요. 우리 기도들이 꼭 이루어질 것 같은 기분이 들어요."

산에 핀 꽃들까지 더 아름다워 보인다.

철 십자가 옆에 서서.

위: 구름 사이로 성령이 내려와 우리에게 은총을 주시는 것 같다.
아래: 사람들에게서 받은 기도문. '주님, 저희 기도를 들어주소서. 아멘.'

이제부터는 내리막인 데다가 돌길이었다. 무릎에 충격이 와 조심조심 걸었다. 아내는 "여기는 북한산 수준이네."라고 하다가 "여기는 관악산 수준은 되겠네." 하면서 잘도 걸었다.

산에 큰 나무는 없고 관목들만 군데군데 있어 확 트인 전망이 좋았다. 이 좋은 경치를 사진에 담아 두고 싶어 아내에게 말했다.

"이 멋있는 경치를 카메라에 좀 담아 보지 그래?"

"카메라 앵글은 이렇게 넓게 펼쳐진 풍경 전체를 담을 수 없어요. 이런 데는 그냥 마음에 담아 두는 게 더 좋아요."

저 아래 산속에 있는 군청색이 유난히 빛나는 지붕들이 아름다워 보였다.

산 중턱에 있는 마을인 아세보에 도착했다. 어려운 산길을 먼저 내려온 사람들이 벤치에 앉아 쉬고 있었다. 우리가 다가가자 자리를 비켜 주며 편히 앉게 해 주었다. 힘겨웠던 우리는 염치 불구하고 그 벤치에 털썩 앉아 쉬었다.

남은 거리는 아직도 8.3km, 거친 산길은 변함이 없다. 산길을 힘들게 오르내려 산 아랫마을인 몰리나세카에 도착했다.

걸어온 길을 뒤돌아보았다. 까마득히 높은 산이다. 우리가

산 중턱에 있는 아름다운 아세보 마을.

저렇게 높은 산을 걸어서 넘었다는 게 믿어지지 않았다. 포르투갈에서 관광차 이 마을에 왔다는 아주머니도, 걸어오는 우리를 보고는 어떻게 저 산을 걸어서 넘었냐며 놀라워했다. 순례자 다리를 건너 마을로 들어가니 관광지인 듯 호텔들이 많았다.

알베르게는 마을을 가로질러 한참을 걸어가면 마을이 거의 끝나가는 곳에 있었다. 두 알베르게 중 조금 더 비싼 사설 알베르게를 선택했다. 2층 침대가 아닌 단층 침대라서 좋았다.

성당은 다시 마을로 돌아가야 있었다. 아내는 가기 힘들다며 어제의 성야 미사로 대신하자고 했다. 워낙 험한 길이었으니 힘들기도 할 것이다. 나중에 자매도 도착해서 합류했다. 저녁은 또 이들 자매가 파스타를 만들어 줘서 먹었다. 이들을 만난 이후에 저녁 식사 걱정을 하지 않아서 좋다며 아내가 신났다. 미안한 마음에, 통에서 직접 따라 파는 와인을 사 와서 자매와 같이 마셨다. 피곤해서 그런지 술이 빨리 취해서 일찍 잠자리에 들었다.

부부 사랑, 그 소중함에 대하여

카미노 26일 4월 25일(월)

새벽 5시, 자매가 맞춰 놓은 알람이 울렸다. 나는 이미 잠이 깨 화장실에 다녀온 터였다. 자매가 먼저 준비해서 나갔다. 우리는 6시가 되어서야 준비했다.

짐은 대체로 아내가 내 것까지 꾸린다. 아내는 워낙 짐을 짜임새 있게 잘 꾸린다.

인사하는 알베르게 주인에게 "안녕히 계세요Adios!" 하고는 길을 떠났다.

아직은 어두운 새벽길이다. 길 표시는 가끔씩 있기 때문에 어두운 길을 갈 때는 지도를 보고 확인 또 확인해야 한다. 어두울 때 길을 잘못 들면 고생이 심하기 때문이다.

오늘도 먼 길이었지만 어제처럼 험한 산길은 아니었다. 이제 포도나무에 싹이 돋기 시작해 포도밭이 점점 푸르러 간다.

곧 폰페라다에 도착했다. 제법 볼거리가 있다고 소개된 마을이었지만 아침 시간에는 문을 연 곳이 없었다. 멋진 위용을 자랑하는 템플 기사단 성을 밖에서 감상하는 것으로 아쉬움을 달래고, 그 성 바로 앞에 있는 바에서 커피를 마시며 토스트로 아침을 먹었다.

길가에 피어 있는 꽃도 예쁘지만 집 안 정원에 피어 있는 꽃들도 아름다웠다. 정원에는 튜울립도 있고 함박꽃도 있었다. 길 가는 중에 만난 성당 앞에 계신 성모님도 누구한테 받으셨는지 장미꽃 한 다발을 안고 계셨다. 어제 산에서 본 들꽃과는 또 다른 느낌으로 예뻤다.

카카벨로스를 지나가려는데 길가 성당 앞에 사람들이 많이 모여 있었다. 사람들에게 물어보니 스페인에만 있는 성모님 축일이란다. 마을 사람들은 돌아가신 예수님을 안고 슬퍼하시는 모습의 성모님을 들것에 모신 후 성당을 한 바퀴 도는 행렬을 했다. 그러는 사이 한 어린이가 종탑 꼭대기에 있는 종을

꽃밭에서 꽃을 한아름 안고 계신 성모님.

왼편: 힘든 줄 모르고 열심히 종을 치는 소년.
오른편: 종소리에 맞춰 일사불란하게 전진하는 모습.

쉬지 않고 두드렸고, 한쪽에서는 축포를 터뜨려 아주 요란했다. 추측컨대, 예수님의 부활을 기뻐하시는 성모님을 기리는 축일이 아닌가 싶었다.

마을을 떠나며 이제 마지막 6km가 남았다고 확인했다. 아내가 길옆에서 지저귀는 새소리를 듣고는, "'얼마 안 남았으니 힘내세요.'라고 하네요."라며 또 통역해 주었다.

아직 30km의 마지막은 힘들다. 또 덥다. 이제는 그늘도 시원하지 않다. 오르막에서는 얼굴에 땀이 줄줄 흘렀다. 힘들게 언덕을 오르내렸다. 면적이 얼마나 넓은지 게시판에 자랑스럽게 표시까지 해 놓은 드넓은 포도밭 사잇길도 지났다. 그래도 흙길이라 걷기는 좋았다.

목적지 비야프랑카 델 비에르소에 도착하면서 언덕 아래로 제일 먼저 만난 곳은 공립 알베르게였다.

우리와 다른 방에서 자는 자매와 함께 마을을 둘러보기로 했다. 알베르게 바로 옆에 야고보 성인을 기리는 산티아고 성당이 있었다. 이 성당은 대표적인 로마네스크 양식의 건물로, 몸이 아파 산티아고까지 못 가는 순례자들을 용서했다는 '용서의 문'이 있다. 닫혀 있어서 겉만 훑어보았다.

마을 중심에 있는 관광 안내소에서 영어 카탈로그를 구해 미사 시간을 알았다. 16세기에 지었다는 마르케스 성은 입장 금지여서 그냥 지나쳤다. 연리지 나무가 잘 가꾸어진 정원을 돌아보았다. 수도원 구석진 곳에서 각국 와인을 전시하며 팔고 있는 것을 우연히 발견하고는 과거에 수도원의 와인 만드는 곳이었으리라 상상하며 와인을 한 병 샀다.

알베르게로 가서 자매들이 또 차려 주는 밥과 국으로 맛있게 저녁을 먹고 미사에 참례했다. 주로 노인들 몇 분만 참석하지만, 미사에는 꼭 정장을 하고 구두를 신고 경건한 자세로 참례하는 모습이 보기 좋다고 이내기 말했다.

미사 참례 후 일찍 자려고 알베르게로 돌아오니 우리 방 침대에 누워 있는 부부가 보였다. 일본 교토에 사는 부부로, 남편은 63세이고 아내는 59세란다. 그 부인이 그림 그리는 모습을 본 적이 있다고 아내가 내게 귀띔했다. 그들도 무료해 하는 듯해서 내가 먼저 부인에게 말을 붙였다.

"그림을 그리신다고 들었습니다."

"예, 취미로 그립니다."

"어떻게 이렇게 어려운 카미노를 걷게 되셨어요?"

"남편은 우체국에 근무하다가 은퇴했고, 저는 간호사로 일하다가 퇴직했어요. 제가 먼저 오자고 해서 오게 됐습니다."

"이번 여행을 통해 부부 사이가 좀 더 좋아지셨나요?"

부인이 남편을 바라보며 "당신이 대답해 보세요." 하고 대답을 남편에게 떠넘긴다.

남편은 한참을 머뭇거리다가 대답한다.

"좋아졌다고 생각합니다."

그러나 자신은 없어 보였다. 부인이 말을 받았다.

"저는 괜찮은데 남편이 걷는 걸 많이 힘들어 해요."

"훈련을 안 하셨나요? 저희는 훈련을 꽤 많이 했습니다."

내 말에 그 부인은 남편에게 그것 보라는 듯 손가락을 흔들어 대며 핀잔을 주었다.

"저는 평소에 마라톤도 하고 있고 나름대로 훈련을 했는데 남편은 훈련을 소홀히 했어요."

힘들어 하는 남편이 부인의 성에 차지 않는 모양이었다.

화제를 돌려 부인은 마라톤에 참가하기 위해 한국에 두 번이나 왔었다는 이야기, 남편은 한국에서 가 본 곳, 먹어 본 음식, 할 줄 아는 한국말 등 한참 동안 즐겁게 이야기했다. 어느새 아내도 얘기에 끼어들어 있었다.

이 부부를 보며 부부 사이의 갈등에 대해 생각하게 되었다.

이들은 분명히 서로 아끼고 위하는 마음이 바탕에 깔려 있었다. 그러나 아주 사소한 일로 불만을 표출했다. 생각해 보면 이 아내의 불만은 남편이 좀 더 잘해서 남편이, 더 나아가 부부가 보다 편하고 즐거운 시간을 보낼 수 있기를 기대하는 마음, 즉 남편을 사랑하고 부부간의 사랑이 잘 유지되기를 기대하는 마음에서 우러나오는 불만일 것이다. 그런데 만일 남편이 그 불만을, 사랑이 바탕에 있기 때문에 나타나는 것으로 이해하지 않고, 단순히 불만 자체만 받아들일 경우 이 부부 사이에는 갈등이 생길 수 있는 것이다. 부부간의 갈등은 이렇게 사소한 것에서 시작하는 것 같다. 다행히 지금 이 남편은 아내의 불만에 대해 기분 나빠하는 것 같진 않았다.

우리 부부는 이번 카미노를 통해 많은 시간 동안 같이 생활하면서 더 가까워지고 더 잘 이해하게 되었다고 생각한다. 아니 오히려 그렇게 되기 위해 노력했다고 하는 게 더 맞겠다.

그러나 지금의 좋은 이 관계가 앞으로도 똑같이 지속되리라는 보장은 없다. 이 상태를 잘 유지하려면 사소한 일에서부터 서로가 이해하려고 더 노력하지 않으면 안 될 것이다. 이제 우리는 그 사실을 안다. 우리 부부는 이번 카미노에서 사소한 것에서부터 서로 아끼고 이해하려는 노력이 필요하다는 것을 확실히 배웠다. 앞으로도 인생의 길을 함께 걸어가는 동반자로서, 계속 노력해 나가야 할 것이다.

우리 방 침대 위 칸을 쓰는 슬로베니아 출신 아가씨들이 늦게 들어와 부산을 떨더니, "일찍 일어나서 짐 싸느라고 부스럭거려도 괜찮으니까 일찍 일어나서 떠나세요."라고 했다. 쾌활한 이들의 모습이 보기 좋았다.

함께하시는 하느님

카미노 27일 4월 26일(화)

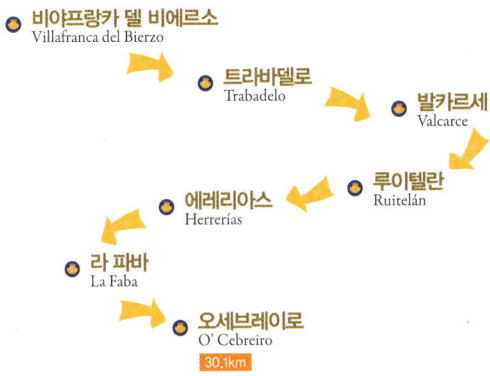

오늘도 먼 산길이 기다리고 있었다. 아침을 먹고 가는 게 그나마 짐 무게를 줄이는 방법이다. 아침 6시에 일어나 아침을 먹고 출발했다. 일본인 부부는 벌써 출발했고 옆방에서 잤던 자매도 이미 출발했을 것이다.

마을을 벗어나면서 그만 길을 잘못 들었다. 지도를 다시 보고 마을 사람에게 물어서 겨우 길을 찾았다. 다른 길로 한참을 돌아온 셈이다. 그러다가 우리는 당초 의도와는 달리 도로 옆을 따라 난 길로 가게 되었다. 아내가 아스팔트 길을 걸으면 발바닥이 아프다고 해서 가능하면 그 길을 피해 산길로 가려고 했던 것이었는데 조심한다고 해도 이렇게 실수를 한다. 할 수 없이 그냥 갔다. 도로 옆길은 변화가 없어서 지루했다. 더구나 다른 순례자들도 보이지 않았다. 강을 끼고 가면서 물소리를 들을 수 있는 게 그나마 위안이 되었다.

잠시 도로를 벗어나 숲길을 가는데, 일본인 부부가 앞에 보였다. 우리보다 30분 이상 일찍 출발했는데……. 역시 남편의 걸음이 무거워 보였다. 청솔모가 재빠르게 나무를 건너뛰는 모습을 신기해 하며 관찰하고 있었다. 우리는 지나치며 인사했다. "부엔 카미노!"

발카르세쯤으로 여겨지는 곳에 고속도로 휴게소가 보였다. 이제는 쉴 시간도 됐다. 내가 화장실에 다녀온 사이, 아내가 사과와 오렌지를 사 놨다. 이 지방 협동조합에서 운영하는 매점에서 샀다는데, 지금껏 먹어 본 과일 중에서 가장 싱싱하고 맛있었다. 채소도 싱싱해 보여 더 사 가고 싶었지만 무거워서 포기했다.

오후에는 산길을 가야 했다. 점심 먹기에는 일렀지만 힘든 길을 가기 전에 보충하려고 길가 바에서 걸음을 멈추었다. 아예 배낭과 신발을 벗어 햇살에 말리며 편하게 앉아서 쉬었다. 먼저 온 사람들이 먹는 음식이 맛있어 보여 우리도 콤비나토를 시켜 먹었다. 맛있었다.

일본인 부부가 오는 모습이 보였다. 어, 이들은 여기까지 와서는 안 되는데……. 어제 남편의 상태를 감안해서 오늘은 이전 마을에서 머물기로 했었다. 이 부부는 지나쳤다는 사실을 모르고 있었다. 그래서 이들에게 최소한 다음 마을에서는 멈춰야 하고 아니면 산길 10km를 더 가야 한다고 말해 주었다. 절대 무리하지 말라고도 당부했다. 아내는 행운을 빈다며 그들에게 네 잎 클로버를 하나 주었다. 이들은 고맙다고 몇 번씩이나 인사했다. 이렇게 우리도 천사가 된다.

이제부터는 오르막 산길이라고 마음을 다지며 다시 출발했다. 길은 갈수록 점점 가팔랐다. 그나마 흙길이라 다행이었다. 우리의 어려움에는 아랑곳없이, 지나는 마을 풍경은 너무나 평화로웠다. 산에 핀 꽃들도 아름답기 그지없다.

산 중턱에 있는 라 파바 마을에서 앞서 가는 사람을 지나치며 인사했더니, 스페인 출신이라는 그는 이 마을에 있는 바가 너무 좋아서 여기서 쉴 거란다. 저기 아래 푸른 지붕 집인데

평화로워 보이는 마을.

맥주와 채소가 맛있고 주인 인심도 정말 좋단다. 언제 와 봤냐고 했더니, 이번이 다섯 번째 카미노라고 했다. "대단하십니다!"라고 인사하고는 빨리 목적지에 가서 쉬고 싶은 마음에 그 바를 그냥 지나쳤다.

아직도 남은 거리가 5km는 되었다. 높이 오를수록 큰 나무들이 없어서 햇볕이 바로 머리 위로 내리쬐었다. 더 자주 쉬고 물도 많이 마시며 가게 된다.

드디어 산꼭대기, 카미노 중에 마지막으로 거치게 되는 갈리시아 주에 들어왔다. 일기가 불순하기로 유명한 지방인데,

다행히 우리는 오늘 좋은 날씨를 만났다.

산 위에서 탁 트인 멋진 경치를 감상하고 마지막 힘을 다해 1,330m 고지에 있는 목적지 오세브레이로에 도착했다.

갈리시아 지방이 시작됨을 알리는 표지석.

오늘은 거의 9시간이 걸렸다. 산꼭대기라 바람도 많이 불고 꽤 쌀쌀했다.

그동안 못 만났던 사람들을 이곳에서 보았다. 글을 쓰는 K씨와 남아공 부부였다. 이들은 우리보다 하루 먼저 레온을 출발했는데 우리가 또 따라잡았다. 자매도 보였다. 77세인 우리나라 걷기 도사 분도 처음 만났다. 우리나라 길을 먼저 걸어 봐야 한다고 강조하는 그분은 '길은, 걷는 사람들이 자유롭게 생각할 수 있는 여유를 제공해야 그 가치가 있다.'라는 철학을 갖고 계셨다. 대단한 고수인 듯했다. 어디를 가나 상상을 초월하는 능력을 가진 사람들이 꼭 있다.

저녁 나절, 산타 마리아 왕립 성당에서 미사 참례를 했다.

왼편: 높은 산 정상에 있는 산타 마리아 왕립 성당. 오른편: 성당 안에 있는 기적의 성작과 성반.

이 성당은, 목숨 걸고 눈보라를 헤치고 와서 미사에 참석한 농부가 성체를 받아 모실 때 성체와 성혈이 예수님의 몸과 피로 변했다는 전설을 간직하고 있다.

힘든 하루, 그 안에서 함께하시며 우리를 지켜 주신 하느님의 은총을 느낀다.

몸살 기운이 느껴져 종합 감기약을 먹었다. 아내는 여전히 끄떡없단다. 신통하다.

그리스도인이 된다는 것

카미노 28일 4월 27일(수)

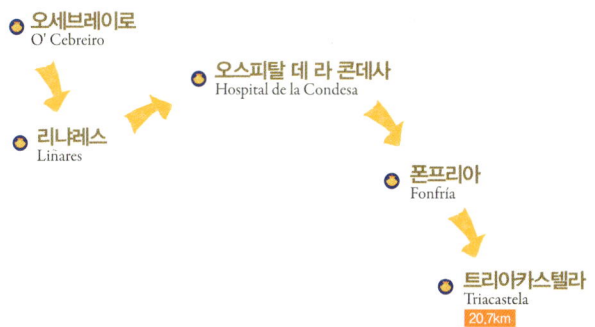

어제에 이어 오늘도 정말 좋은 날씨를 만끽했다. 어제 많이 걸은 걸 감안해서 오늘은 20km만 가기로 했다. 자매는 오늘도 30km를 가서 '사모스 수도원' 알베르게에서 잔단다. 젊음이 부럽다.

여유 있게 일어나 식당에서 아침을 먹었다. 옆에서 식사하던 건장한 남자 2명과 여자 1명에게 인사했다. 동양인처럼 생겼는데 알고 보니 멕시코 사람들이었다. 보카디요를 바게트 빵 통째로 푸짐하게 만들어 먹었다. 이들은 자전거로 카미노

자전거 순례자들의 모습.

를 가고 있었다. 하루에 60~70km를 간단다. 생각보다 조금 간다고 했더니, 오르막에서는 자전거가 걷는 것보다 더 느린 경우도 있단다.

알베르게 규칙 중에는 숙박 우선순위가 있다. 장애인, 걷는 사람, 말 타고 가는 사람, 자전거 타고 가는 사람 순이다. 아마도 고생하는 순서이리라.

아내가 그들 옆에서 식사하는 남아공 부부를 발견하고는 그동안의 인연을 생각해 부인에게 네 잎 클로버를 주었다. 그 부인은 황송하다는 듯이 받아들며 좋아했다. 누구나 행운을 받으면 좋아하게 마련이다.

우리가 먼저 출발했다. 산 정상에서 바라보는 탁 트인 아침 풍경이 장관이었다. 공기도 상쾌했다. 내리막과 오르막이 번갈아 있는 산길이었다. 고도 1,270m인 산 로케 언덕에는 비바람 속에서 몸을 지팡이에 겨우 의지한 채 날아가려는 모자를 붙잡고 있는 모습의 야고보 성인 동상이 있었다. 지금 날씨는 그렇지 않지만, 이 지방의 전형적인 기후를 말해 주는 듯했다.

아침 식사 중에 만난 자전거 팀을 여기서 다시 만나 반가웠다. 잠깐이지만 한 번 만나서 그런지 사진 찍어 달라고 부탁하기가 훨씬 편했다.

길가에 핀 민들레꽃이 바닥을 온통 노란색으로 물들였다.

아내는 여기 길가에서도 네 잎 클로버를 찾았다. 오늘은 그렇게 찾은 네 잎 클로버를 아예 만나는 사람들 모두에게 "부엔 카미노!" 인사와 함께 나눠 주었다. 오늘 네 잎 클로버를 준 사람만 해도 6명은 되나 보다. 다들 좋아했다. 순수함은 어디서

산 로케 언덕에 있는 야고보 성인 동상.

노랗게 물든 민들레밭.

나 강력한 힘을 가지고 있다는 것을 다시 확인한다. 또한 다른 사람에게 행복을 줄 수 있는 방법이 그리 어렵고 먼 것이 아님을 알게 된다.

  길이 참 좋다. 내리막으로 시작하는 흙길로 숲속 그늘길이었다. 어제의 땡볕 오르막에 대한 보상인 듯하다. 가는 길 여기저기의 시냇물은 맑고 깨끗했다. 그냥 마셔도 좋을 듯했다.

  한참 그런 길을 가다가 다시 가파른 언덕길을 올라 포이오 고개에 올라섰다. 숨이 턱에 찰 정도로 힘들게 정상에 올라서니 바로 앞에 바가 보였다. 커피 한 잔 마시며 숨을 돌렸다. 잠시 후 K 씨도 땀을 비 오듯 흘리며 겨우 올라왔다. 아까도 길가에 앉아서 무얼 먹더니 토르티야를 시켜서 또 먹는다. 처음 봤을 때보다 살이 빠지긴 했는데 그래도 배는 아직 많이 나와 있다. 5kg 정도 줄었으려나? 같은 알베르게에 묵는 걸 확인하고는 저녁에 만나기로 약속했다.

아내가 재미 삼아, 여태까지 만난 우리나라 사람 숫자를 세었다. 모두 18명인데, 그중 9명은 인사만 하고 스쳐 지나갔단다. 어떤 여자는 산티아고 데 콤포스텔라에서부터 거꾸로 카미노를 걷고 있었단다.

다시 길을 가다가 우연히 만난 길가 바에서 점심을 먹는데 여기가 어딘지 모르겠어서 옆에 있는 젊은이에게 물었다.

"저도 모르겠는데요."

그렇다. 여기가 어딘가가 뭐 그리 중요한가? 여기서 쉬며 식사하는 것으로 족하다. 이곳 이름은 몰라도 오늘 중으로 목적지에 도착하는 것은 확실하니까 괜찮다.

사실 나는 그동안 이곳에서 사람들을 만나면서 굳이 상대방의 이름을 알려고 하지 않았다. 서로 대화를 통해 그 사람의 생각을 공유할 수 있으면 그걸로 족했다. 이름을 아는 것이 생각을 공유하는 데 더 도움이 되는 것은 아니라고 생각했다. 상대방 또한 내 이름을 굳이 물어보지 않았다. 서로를 이해하는 데 이름이 그리 중요한 것은 아니리라.

지금 이곳이 그저 비두에도쯤이려니 생각했다.

우리가 들른 바는 예쁘고 깔끔한 데다가 음식도 맛있는데 가격에 비해 양이 너무 적었다. 아내는 여기서도 우리 옆에 앉아 있는 사람들에게 네 잎 클로버를 나눠 주었다. 걸어가면서 보이는 대로 딴 것들이었다. 무슨 행운이 길에까지 널려 있나 싶었다.

트리아카스텔라에 도착했다. 작은 마을을 둘러보고 성당에 들렀다. 성당 앞길 바닥에 카미노를 상징하는 표주박이 달린 지팡이를 모자이크한 타일 무늬가 이채로웠다. 성당 종탑 가운데에는 역시 카미노를 상징하는 야고보 성인이 보였다.

안으로 들어가는데 정문 옆에 붙어 있는 쪽지의 문구가 나를 멈추게 했다.

'그리스도인이 된다는 것은 자신의 한계 안에서 예수님을 닮으려고 노력하는 것이다 To be a Christian is to try to imitate Jesus within our own limitations.'

한참을 서서 문구의 의미에 대해 되새겼다. 나는 세례를 받는 순간 바로 신앙인이 되었다고 생각했다. 그런데 막상 신앙인으로서의 내 생활은 신앙을 갖고 있지 않을 때와 별 차이가 없었다. 물론 과거에 하지 않던 새벽 미사와 주일 미사에 참례하거나 성경 공부를 했지만, 그런 것들이 내 생활을 본질적으로 변화시켰다고는 생각되지 않았다. 생활에 변화가 없다면 신앙을 갖는 것이 무슨 의미가 있는지 의문스러웠고, 도대체 어떤 모습이 신앙인의 자세인가에 대한 의구심이 있었다.

그런데 오늘 이 문구를 접하고서야 신앙인이 무엇하는 사람인지 알게 되었다. 삶의 기준을 예수님에게 두고 예수님을 닮아 가려고 노력하는 사람이 바로 신앙인이라는 것, 즉 신앙인이라고 해서 별다르게 사는 것이 아니라, 자신에게 주어진 삶

트리아카스텔라 성당 문에 씌어 있는 문구.

속에서 항상 신앙을 가치의 표준으로 삼고 생활하는 사람이라는 것을 말이다. 내가 신앙인으로서 가져야 할 자세를 명확하게 제시해 주는 문구였다.

순례자들만을 위한 저녁 미사에 참석하면서 그 의미가 더욱 명확해졌다. 미사를 집전하시는 신부님은 파격적이었다. 모든 순례자들을 제대 위로 올라오게 하고는 성체 축성 때 말고는 일어섰다 앉았다 하지 말고 그냥 앉아 있게 했다. 먼 길을 온 순례자들의 피곤함을 배려한 것이리라. 스페인어로 진행하는 미사를 영어로 통역하게 함으로써 누구나 알아들을 수 있게 배려했다. 또 한글을 포함한 각 나라 글로 준비된 기도문을 돌아가며 읽도록 했다. 평화의 인사를 하는 방법도 알려 주고, 기도 중에는 모두가 손잡고 둥글게 서 있다가 기도를 마치면 서로가 돌아가며 깊게 포옹하게 했다. 신부님의 꺼실꺼실한 턱수염이 내 얼굴에 닿는데도 좋았다. 아내는 신부님이 너무 꼭 껴안아서 숨이 막힐 지경이었단다. 순례자들끼리도 서로 포옹하며 카미노에서의 형제애를 느꼈다. 카미노를 걷는 사람들 모두가 하나고 형제라는 뜻이 가슴에 와 닿았다.

기존의 전례 형식을 벗어난 미사에 참석하면서, 신부님은 이 미사 집전자가 예수님이시라면 분명히 이렇게 하실 것이라는 확신을 갖고 있는 듯했다. 그게 바로 아까 정문에서 본 문구를 몸으로 실행하려는 신부님의 노력이라고 생각하게 되었다. 생활의 변화란 이런 것이리라.

의미 있게 미사를 마치고 아까 약속한 대로 K 씨를 만나러 갔다. 와인 한 병을 준비했다. K 씨는 나와 아내를 보자마자 성당 정문 쪽지를 찍은 사진부터 보여 주었다. 어쩌면 나와 그렇게 똑같이 생각했냐며 나도 사진을 보여 주고, 성당에서 받은 산티아고 순례의 의미를 정리한 책자도 보여 주었다. 홈페이지 주소와 신부님 이메일 주소도 알려 주었다.

오늘은 K 씨가 쓰고 있는 글의 내용에 대해 들었다. 삶을 제대로 살기 위한 길을 정리하고 있단다. 그는 자신의 삶을 영화로 만들어 다른 사람과 같이 감상한다고 가정했을 때, 그 영화 내용이 스스로에게 의미 있고 다른 사람에게 감명을 줄 수 있어야만 그 삶이 제대로 된 삶이라며 얘기를 시작했다.

우리의 삶은 세 단계로 나눌 수 있는데 그 첫 단계는 자기를 완성하는 단계란다. 이 단계는 자신에게 주어진 시간을 활용해 자신의 역량을 최대한 키움으로써 자신의 재능이 세상에 도움이 되는 수준이 되도록 노력해야 하는 단계란다. 다음 단계는 남을 위한 삶을 사는 단계로, 결국 삶의 가치는 자신의 재능이 남에게 도움이 될 때에만 그 의미가 있다고 강조했다.

마지막 단계는 죽음을 맞이하는 단계로, 죽음을 어떻게 맞이하는 것이 좋은지 준비를 잘해 놓는 것이 아주 중요하단다.

이런 단계를, 스티븐 코비가 《성공하는 사람들의 7가지 습관》으로 전개한 것과 같이 8가지 습관으로 정리할 계획이란다. 그러면서 자기는 카미노를 좋아하는데, 그 이유는 카미노에서 만난 사람들은 모두 자기 글의 내용을 공감하고 지지하고 있어 자기가 글을 쓰는 데 용기를 얻기 때문이란다.

인생 선배로서 배울 게 있는 사람이다. 그의 설명을 내 인생에 대입해 보며 와인 잔을 기울였다.

갈리시아 지방

카미노 29일 4월 28일(목)

오늘 길은 두 갈래다. 우리는 6km 이상이나 더 길지만 사모스 수도원을 거쳐 가는 숲길을 택했다.

깊은 숲 속에서 아침 산책을 하듯 걸었다. 푹신한 흙길이 아주 좋았다. 새소리에 길옆을 계속 따라 흐르는 강물 소리까지 어울려 더 정겨웠다.

우리를 앞서 가던 사람이 먼 길로 잘못 들어섰다며 되돌아갈까 말까 고민하고 있단다. 우리는 이 길이 길긴 하지만 다른 길보다 훨씬 분위기가 좋아서 일부러 선택한 것이라고 얘기했

**사모스로 가는 길.
갈리시아의 길은 숲이 많아서 좋다.**

다. 그도 우리를 따랐다. 아내는 그 사람에게도 네 잎 클로버를 주었다.

역시 아침에는 속도가 난다. 9시쯤 사모스 수도원에 도착했다. 자매는 어제 여기서 잤으리라. 그런데 수도원 문 여는 시간이 10시란다. 우리는 수도원 옆 바에 짐을 풀고 잠시 쉬면서 수도원 외곽 사진을 찍으러 나갔다. 시간이 되어 수도원으로 들어갈 때는 그동안 길을 오가며 가끔 인사만 하던 사람들과 함께 갔다. 큰 카메라를 들고 늘 사진을 찍는 스페인 남자와 그의 부인, 혼자 걷는 걸 즐기는 듯 조용히 걸으면서 체구에 비해서 꾸준히 속도를 유지하는 이탈리아 여자와 함께였다.

수사님이 내부 안내를 해 주었는데, 스페인어로만 진행되어 아쉬웠다. 영어 소개 책자도 없단다. 6세기까지 거슬러 올라갈 만큼 오랜 역사를 가져 스페인에서는 물론 서방 세계 전체에서도 손꼽히는 역사적 유물인 이 수도원에 대한 설명을

잘 보존된 사모스 수도원의 모습.

여기 와서도 들을 수 없다는 점이 몹시 아쉬웠다. 한편 스페인의 관광 산업이 아직 고객을 존중할 줄 모르는 수준이 아닌가 하는 안타까운 생각도 들었다. 그래도 회랑과 벽화, 성당 건물 내부를 돌아보았다. 이탈리아 여자도 못 알아듣는 듯한데 잘 따라다녔다. 웅장하면서도 균형 잡힌 모습 그대로 잘 보존된 유물을 깆고 있는 것이 부러웠다.

태양이 점점 뜨거워지기는 하지만, 아직은 견딜 만했다. 갈리시아 지방으로 넘어오면서는 산악 지방이 많아 숲길이 많다. 그래서 걸을 때 지루함을 덜 수 있다. 너른 들판에 밀밭이나 보리밭이 끝도 없이 펼쳐져 있는 메세타 지역과는 아주 대조적이다. 텃밭에 농사를 지으며 소나 말과 같은 가축을 기르는 모습이 자주 눈에 띄었고, 가는 길에는 소똥이 즐비해 지뢰 피하듯이 까치발로 피해 다녀야 했다. 좁은 돌담길을 갈 때 소똥을 만나면 난감하다. 길 전체가 소똥으로 질펀하다. 피하려고 해도 피할 수 없다. 아마 나도 좀 밟았으리라.

이 지방에서만 볼 수 있는 특징적인 것들을 또 발견했다. 돌이 많아지면서 지붕도 돌로 덮여 있고, 밭의 경계도 돌로 담을 쌓아서 구분한다. 카미노 표지판의 문자 표시 방법도 약간 달라졌다. 성당을 의미하는 단어인 'Iglesia'를 여기서는 'Iglexa'로 표현한다. 행정 기관을 의미하는 'Junta'도 'Xunta'로 쓴다. 한 나라에서 글을 다르게 쓴다는 것이 우리로서는 이해가 가지 않는다.

성당 모양도 다르다. 여기는 성당이 곧 공동묘지다. 지금까지 본 다른 곳도 그렇기는 하지만, 그래도 다른 곳은 성당 안 지하나 벽에 묘지를 설치하여 분명 묘지가 성당의 일부인데, 여기는 성당이 오히려 공동묘지의 일부인 듯, 줄지어 서 있는 묘지의 십자가들을 지나야 성당에 들어갈 수 있는 구조다. 성당의 규모도 작고 대성당도 없다. 서민과 가까이한다는 의미에서는, 이런 작은 성당이 오히려 대성당보다 종교의 본질을 올바르게 따르는 것일 수도 있겠다는 생각이 들었다.

사모스에서 보낸 시간 때문에 3시가 다 되어서야 사리아에 도착했다. 더 갈까 하다가 아내가 땡볕에 가기도 힘들고, 늦으면 빨래 말리기도 어려울 것 같다고 해서 여기에 머물기로 했다. 약 17,000명이 거주하는 이곳은, 갈리시아 지방 카미노에 위치한 마을 중 인구 밀도가 제일 높단다.

마을을 돌아보았다. 중세 시절에 지었다는 옛 사리아 성터에 방어 탑과 일부 성곽만이 낡은 모습으로 우뚝 솟아 있었다.

성곽을 돌아 내려오면 신시가지를 조망할 수 있는 전망대가 있다. 전망대 옆에는 과거 사리아 마을을 표시한 문장紋章이 세워져 있는데, 문장 안에 가리비 조개 모양이 들어 있는 것으로 보아 이곳이 오래전부터 순례 코스였음을 말해 준다.

사리아 마을임을 표시하는 문장.

막달레나 수녀원에 들어가서 회랑 바닥의 독특한 돌조각도 감상했다.

오스트리아 잘츠부르크에서 왔다는 사람은 여기서부터 걸어서 산티아고 데 콤포스텔라까지 간단다. 그래도 100km는 넘게 걷는 것이니 순례자 증서를 받을 수 있다고 자랑스러워했다. 우리는 슬며시 웃음이 났다.

미사 참례를 하고 나왔더니 K 씨가 성당 밖 벤치에서 전화 통화를 하고 있었다. 이제는 그와 꽤 친해졌다.

"누구에게 전화하셨어요?"

"아내에게 전화했어요. 두 분은 매일 미사에 참석하시나 보네요? 저에게는 매일 집에 전화하는 것이 미사를 드리는 것과 같답니다. 그게 바로 저희 집에 평화를 유지하는 길이거든요."

숙소에 왔더니 남아공 부부도 우리와 같은 방이었다. 부인은 오세브레이로에서 아내가 준 네 잎 클로버를 지금도 잘 간직하고 있단다. 그러면서 감사의 표시라며 아내에게 엽서 한 장을 주었다. 걷는 사람들을 위한 기도가 씌어 있는 엽서였다.

안개 속을 걸으며

카미노 30일 4월 29일(금)

아침 안개가 자욱했다. 멀리 내다보려고 해도 안개 때문에 볼 수가 없었다. 한 걸음 한 걸음을 가면 결국은 목적지에 도달할 것이라고 믿는다. 앞일을 모르고 살아가는 것도 이와 비슷한 느낌이리라.

지나간 길도 보이지 않고 앞길도 보이지 않는 상태에서 우리가 할 수 있는 것은, 지금 내딛는 이 한 걸음에 최선을 다하는 것밖에 없다. 살아가는 매 순간이 얼마나 중요한가를 새삼 생각하게 된다.

베트남 출신으로 추기경으로까지 서임되었던 '프란치스코 하비에르 구엔 반 투안'이 쓴 《지금 이 순간을 사랑하며》가 떠오른다. 그 책에서 "우리 삶의 모든 순간이 첫 순간이고 마지막 순간이며 유일한 순간이기 때문에 각각의 말과 몸짓, 각각의 전화 통화와 결정은 모두 우리 삶에서 최고로 아름다운 것이 되어야 합니다."(82쪽, 바오로딸, 2008년)라는 구절이 생각난다.

매 순간이 모여 전체가 되는 것처럼, 이 안개 속에서도 한 걸음 또 한 걸음이 모여서 오늘의 길 전체가 될 것이다. 앞이 보이건 안 보이건 지금 순간은 똑같이 중요하다.

길은 숲이 우거져 걷기에 참 좋았다. 가는 도중 작은 냇가를 만났다. 물은 얕았으나 그 물속에 개 한 마리가 빠져 있었다. 살아 있긴 한데 다리를 다쳐서 움직이지 못하고, 추워서인지 몸을 덜덜 떨고 있었다. 그런 상태로 오래 있었는지 고개도 제대로 가누지 못하고 수그리며 까부라지려 했다. 너무 딱해 보였다. 물에서 꺼내 주기만 해도 도움이 될 것 같아, 그놈 몸을 들어올리려고 뒤로 살살 다가가 안으려고 하자 그 놈이 이빨을 드러내며 으르렁거렸다. 깜짝 놀라 뒤로 물러나며 꺼내기를 포기했다. 낯선 사람이 다가가는 것을 본능적으로 경계하나 보다. 먹을 거라도 주어야겠다 싶은 마음에, 식빵 샌드위치

안개 속을 걸어가면 마음이 더 차분해진다.

를 그놈 입가에 놓아 두었지만 먹을 힘조차 없어 보였다. 안타깝지만 하릴없이 바라보다 온전하기를 기원하며 다시 길을 떠났다.

얼마를 더 가다가 쉬고 있는데 스페인 노부부가 우리를 지나치려다 멈추고는 서툰 영어로 우리에게 물었다.

"개? 음식?"

개에게 음식을 준 사람들이냐고 우리에게 묻는 듯했다. 어쨌든 다 통한다.

"그렇습니다만……."

"우리가 그 동네 사람들에게 얘기해서 그 개를 데려가도록 조치했습니다. 이제 괜찮을 겁니다."

"아이구, 정말 고맙습니다."

"음식을 놓고 간 마음이 예쁩니다."

아내는 카미노 출발지인 생장피드포르에서 그 부부를 본 것 같다고 했다. 물어보니 부인이 레온 출신이라 거기서 사흘을 묵었단다. 그동안 스쳐 가며 몇 번 만났을 텐데, 소통이 잘 되지 않아서 얘기할 기회가 없었나 보다. 걷는 것을 보니 나이에 비해 아주 잘 걸었다. 아내가 그 부인에게도 네 잎 클로버를 주자 그 부인은 아주 좋아했다.

산티아고 데 콤포스텔라까지 100km가 남았음을 알려 주는 표지석 옆에 서서.

때마침 산티아고 데 콤포스텔라까지 100km 남았다는 푯말이 보였다. 그 부부와 우리는 서로 사진을 찍어 주었다.

조금 더 가서는 고장 난 자전거를 수리하는 동안 잠시 쉬며 떠드는 자전거 카미노 부대 5명을 만났다. 아내는 그들 모두에게도 네 잎 클로버를 주었다. 오늘도 아내는 내 잎 클로비로

행복을 나눠 주는 천사 역할을 한다. 아내는 이제 '네 잎 클로버 한국 아줌마'로 소문 날 것 같다.

미뇨 강을 막아 만든 저수지의 긴 다리를 건너 포르토마린에 도착했다. 저수지를 만들기 전에 있던 도시 잔해들이 아직 강변에 남아 있어

포르토마린의 산 니콜라스 성당 벽화.

고풍스러움을 더해 주었다. 높다란 계단을 올라서면 나타나는 정원을 지나 산 니콜라스 성당으로 향했다. 12세기에 건축된 것으로 로마네스크 양식이다.

정문 입구에는 예수님을 중심으로 한 24명의 거룩한 이들을 새긴 정교한 조각도 있었다. 건물 앞뒤에 있는 단순한 디자인의 장미창도 아름다운 빛을 비췄다. 내부에 있는 빛바랜 성모님 벽화 그림도 눈길을 끌었다.

공원에서 점심을 해결하고, 뜨거워진 햇볕 속을 다시 걸었다. 숲길로 접어들자 아내가 길가에 핀 꽃을 가리키며 물었다.

"저기 저 노란 꽃 이름이 뭔지 알아요?"

"글쎄, 모르겠는데?"

"저게 바로 애기똥풀이에요."

"애기똥풀? 그 꽃 이름 참 귀엽네."

아내는 어렸을 때 시골에 살면서 꽃 이름을 많이 알게 되었단다.

곤사르에 도착해서 마을 입구 길가에 있는 바에서 잠시 쉬었다. 이미 30km를 넘게 온 터라 여기서 머무를까 하다가, 내일 갈 거리를 오늘 단축해 놓으면, 내일 남는 시간에 더 많은 것들을 볼 수 있겠다 싶어서 좀 더 가기로 했다.

그러다가 길을 잃었다. 길옆 풀들이 자라면서 카미노 표시를 가려서 갈림길을 잘못 보고는 엉뚱한 길로 1km는 갔나 보다. 카미노 표시가 한참 동안 보이지 않는 게 아무래도 이상해서 지도를 확인해 보니 다른 길을 가고 있었다. 부랴부랴 다시 돌아와 카미노 표시를 확인하고는 제 길로 갔다. 이미 먼 길을 온 상황이라 힘들 텐데도, 아내는 군소리 없이 잘 따라왔다. 이제는 아내도 어려움을 견디는 내공이 상당히 깊어졌나 보다. 그러는 아내에게 더 미안한 마음이 들었다.

길을 헤메다가 카미노 표시를 찾는 반가움이 얼마나 큰지는 말할 나위가 없다. 카미노에서 노란 화살표는 힘을 가지고 있다. 노란 화살표를 볼 때마다 지금 가고 있는 길이 올바른 길이라는 확인을 하게 되고, 거기서 힘을 얻어 더 앞으로 갈 수 있는 것이다. 우리는 시작부터 끝까지 그 표시를 해 준 분들께 감사하는 마음을 갖고 카미노를 걷는다.

벤타스 데 나론까지 갔다. 성당이 없을 정도로 작은 마을이다. 미사 참례를 하기 위해 좀 더 갈까도 싶지만 오늘은 너무 무리다. 그만 가자.

멀리서 천둥 번개를 요란하게 쳐 대며 구름이 하늘을 시커멓게 가리고 있는데도 여기는 비가 오지 않았다. 내일은 비 예보가 있단다.

너른 방에는 또 우리 둘밖에 없다. 둘만 있어서 좋기도 하지만, 한편으론 만날 사람이 없어서 심심하기도 하다.

독특한 모습의 예수님과 성모님

카미노 31일 4월 30일(토)

어제 천둥 번개 소리를 들으며, '내일은 틀림없이 큰 비를 맞겠구나.' 하고 단단히 각오하고 있었는데, 아침 일찍 눈을 뜨니 빗소리가 들리지 않았다. 오히려 날씨가 아주 좋을 것 같았다. 거의 일년 내내 비가 내리기로 유명한 갈리시아 날씨도 우리에게는 해당되지 않나 보다. 아내는 하느님께서 이런 방법으로 우리에게 힘을 주신다며 좋아했다.

그나저나 빨래가 마르지 않아서 축축했다. 그동안 잘 말려 입었는데, 이제는 흐린 날씨 때문에 빨래가 제대로 마르지 않았다. 걷다 보면 금방 마를 테고 어차피 땀나면 젖을 테니 그냥 입고 가라고 아내가 말했다. 옷이 없으니 별다른 도리가 없기도 했다.

이제 산티아고 데 콤포스텔라까지 아주 높은 산은 없다. 어느덧 어려운 길은 다 통과한 것이다. 비로소 우리의 카미노를 성공적으로 마무리할 수 있을 거라는 자신감이 생겼다. 또 아내에게 고마운 마음이 들었다. 어려운 길을 잘 따라와 준, 아니 오히려 내가 어려울 때 나를 돌보며 이끌어 준 아내가 아닌가?

사실 출발하기 전에 나는 아내 체력이 견뎌 줄 수 있을지를 걱정했다. 그런데 지금 생각해 보면 그 걱정은 기우였다.

"여자는 강하다."라는 말은 어머니로서의 여자가 본능적으로 자식 사랑이 강하기 때문에 나온 말이라고 생각했었는데, 이번 카미노를 통해 어머니로서의 여자뿐만 아니라 아내로서의 여자도 강하다는 것을 확인했다. 또 체력으로만 강한 것이 아니라, 나를 아끼고 보호하려는 포용력과 어려움을 참는 인내력에서도 강하다는 것을 확인했다.

그래서 지금 나는 '아내로서의 여자'인 아내에게 감사한다. 그리고 사랑한다.

전설을 간직한 곡물 창고

우리나라 지형과도 흡사해 친숙한 느낌이 드는 숲 속 흙길을 가는데 그동안 다른 지역에서는 보지 못한 작은 건물이 눈에 띄었다. 땅바닥에서 약 2m 정도 위에 작은 집 모양을 한 건물이었다.

길에서 만난 스페인 아가씨에게서 설명을 들었다. 이름은 오레오Hórreo로, 오랜 옛날부터 갈리시아 지방에만 전해 내려오는 전통 구조물이란다. 옛날 큰 홍수 때 한 여인의 슬기로 이 건물과 같이 높은 곳에 음식을 보관함으로써 홍수 후에도 어려움 없이 음식을 먹을 수 있게 되었다는 전설에 따라, 가 마을마다 이 건물을 짓고 비상 식량을 보관하는 장소로 사용해 왔단다. 그 전통이 지금까지 내려와서 지금은 그 건물이 각 마을을 수호하는 상징물이 되었다고 한다. 마을에 따라 한 개부터 서너 개까지 있다. 지붕 끝 꼭대기에는 주로 십자가가 세워져 있다. 마을을 지나다 보면 가끔 관리에 정성을 들이는 진지한 모습을 볼 수 있다.

팔라스 데 레이를 지나는 길에 풀밭에 앉아 있는 어린 학생들이 보였다. 신부님이 학생들에게 무언가를 열심히 설명하고 있었다. 한 여학생과 겨우 의사소통을 했다. 열네 살이라는 그 학생은 레온에서부터 걸어서 산티아고 데 콤포스텔라까지 가는 중이란다. 어린 학생들에게는 좋은 경험이 될 것 같다.

그 학생도 아내로부터 네 잎 클로버를 받았다. 좋아하며 한 손으로 고이 받쳐 들고 가는 모습이 귀여웠다.

카미노는 순례길이기 때문에 어느 곳이든지 대체로 마을에 있는 성당을 거쳐 가도록 길이 만들어져 있다.

큰 성당은 물론 작은 성당도 나름대로의 특징이 있다. 오래된 성화나 벽화가 있다거나 성모님 품의 예수님 모습이 특이하거나 한데, 여기 성당의 십자가에 매달리신 예수님은 한쪽 팔을 내려 사람들을 초대하고 계시는 듯한 모습이었다. 예술가의 손을 통해 표현된 '신앙'의 다양한 모습들이 참으로 아름답다.

멜리데에서는 갈리시아 지방의 특산인 문어로 만든 요리 '풀포'를 먹어 봐야 한다. 도시 입구에 있는 식당 중에서 이 음식을 제일 잘하는 식당을 알아 놨다. 이거 먹으려고 늦은 시간까지 점심도 안 먹고 참았다. 풀포는 삶은 문어 다리를 잘게 잘라 올리브유와 고춧가루를 뿌려 먹는 요리로, 만드는 법은 간단해 보이지만 그 맛은 독특했다. 고소하며

위: 한쪽 팔을 내려 모든 사람을 초대하는 듯한 모습의 예수님.
아래: 멜리데의 별미인 문어 요리 풀포.

담백한 맛이 났다. 우리는 레드 와인을 곁들여서 먹었다.

며칠 동안 헤어졌던 자매를 알베르게에서 다시 만났다. 갑자기 비가 오기 시작했지만, 그동안 밥과 국을 얻어먹은 게 고마워서 자매를 풀포 식당으로 데려갔다. 이번에는 새우와 쇠고기를 시켜 화이트 와인과 함께 먹었다.

저녁을 먹은 후 우리 넷은 우비를 입고 시내를 활보했다. 카미노는 우리에게 '부끄러움은 때때로 사치'라는 사실을 깨닫게 해 준다.

가슴에 칼을 맞은 듯 고통을 당하신 성모님 모습.

미사 참례를 하기 위해 성당을 찾았는데, 이곳 이름도 산타마리아 성당이었다. 이름 때문인지 성당 안에는 여러 모습의 성모님이 계셨다. 그동안 흔히 봐 왔던 인자한 모습, 아주 슬픈 얼굴로 울부짖는 모습, "당신의 영혼이 칼에 꿰찔리듯"(루카 2,35 참조) 아플 거라는 시메온의 예언을 형상화시킨 모습 그리고 제대 뒤에 있는 천사에 둘러싸여 기도드리는 모습 등의 성모님이다. 스페인 사람들은 성모님의 여러 가지 모습마다 그 의미를 부여하며 공경하는 것처럼 느껴졌다.

　미사를 마치고 나오니 비가 그쳤다. 미사 전에 성당 앞 광장에서 바자회를 했는데 그걸 끝내고 노는지 젊은이들이 악기를 연주하며 흥겹게 춤을 추고 있었다. 악기 중에서 백파이프가 이색적이었다. 이 지방의 문화가 켈트족 문화와 가깝다고 들었는데 정말 그런가 보다. 그러고 보면 사람들 생김새도 약간 다른 듯한데, 특히 검은 머리카락을 지닌 사람들이 꽤 많이 눈에 띄었다.

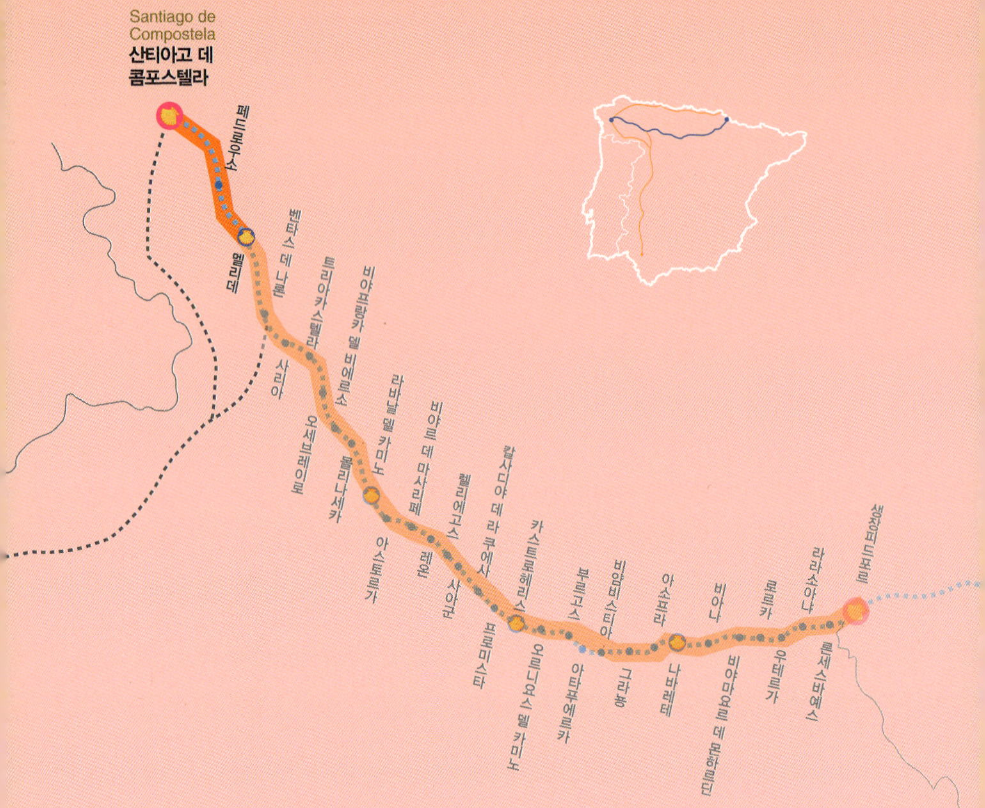

Santiago de Compostela
산티아고 데 콤포스텔라

페드로우소
멜리데
벤타스 데 나론
트리아카스텔라
비야프랑카 델 비에르소
사리아
오세브레이로
라바날 델 카미노
몰리나세카
비야르 데 마사리페
아스토르가
레온
벨리에고스
사아군
칼사디아 데 라 쿠에사
카스트로헤리스
프로미스타
부르고스
오르니요스 델 카미노
비암비스티아
아타푸에르카
아쇼프라
그라뇽
비아나
나바레테
로르카
비야마요르 데 몬하르딘
라라소아나
우테르가
레세스바예스
생장피드포르

카미노의 목적지인 산티아고 데 콤포스텔라에 입성하면서 그동안의 카미노를 정리한다. 사소한 일상에 감사하는 마음을 갖는 것이 얼마나 중요한지 되새긴다. 그런 감사를 통해 자신을 사랑하게 되고, 더 나아가 하느님과 이웃을 사랑하게 됨을 깨닫는다. 그리고 카미노에서 만난 많은 사람들과의 소통과 공유를 통해 배운 것들을 정리한다.

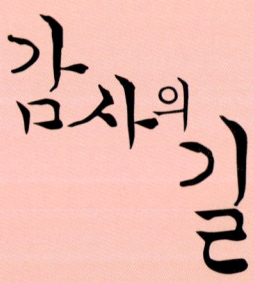

감사의 길

감사하는 마음으로

카미노 32일 5월 1일(일)

이제 산티아고 데 콤포스텔라까지 50km 남짓 남았다. 오늘 30km 이상을 가야 내일 산티아고 대성당에 일찍 들어가 12시 미사를 드릴 수 있다.

옅은 안개 속에서 세속 길을 걸어갔다. 산티아고 데 콤포스텔라에 가까워질수록 순례자들이 많이 보였다. 여러 곳에서 출발한 사람들이 모여들기 때문이리라.

앞에 가는 사람은 앞뒤로 두 개의 배낭을 메고 가고 있었다. 그 뒤로는 아내로 보이는 사람이 질룩거리며 뒤따라갔다. 카

위: 가족 순례자. 아래: 말을 타고 가는 순례자.

미노에서는 절룩거리며 걷는 사람을 흔히 볼 수 있다. 나도 한 때는 그러지 않았던가? 남편이 힘들어 보였다. 그래도 잘 갔다. 부인도 꾸역꾸역 따라갔다. 가지 않을 수가 없을 거다. 그게 바로 카미노다.

이번에는 한 부부가 앞뒤에서 끌고 밀며 어린아이 둘과 함께 가는 모습이 보였다. 한 아이는 세 살쯤, 다른 한 아이는 돌도 안 돼 보였다. 대단한 부부였다.

말을 타고 카미노를 가는 사람도 보였다. 말에게 풀을 먹이며 쉬고 있었다. 그동안 말로만 들었는데 오늘 처음 보았다. 그런데 말을 타고 가는 게 자전거를 타고 가는 것보다 정말 더 힘들까? 오늘은 다양한 카미노어들을 만났다.

아르수아에 도착해서 성당을 찾았다. 문이 열려 있어서 들어가니 우리를 기다리렸다는 듯이 미사가 시작되었다. 마침 주일이라 잘됐다 싶어 미사 참례를 했다.

옆에 앉은 꼬마가 우리를 자꾸 쳐다보았다. 그들에게는 동양인인 우리가 생소하리라. 미사를 마치고 신부님께서 미사에 참석한 순례자들을 앞으로 불러 별도로 축복해 주셨다. 여기서도 순례자 특권을 누린다.

카페에 들러 옆 사람이 시킨 차를 나도 시켜 보았다. 커피보다 싸고 맛있었다. 진작 알았으면 자주 마셨을 텐데, 너무 늦게 알았다.

사실 그동안 음식을 믹는 빙법도 진화했다. 처음에는 무조건 식당에서 사 먹어야 되는 줄 알았다. 순례자는 순례자 메뉴만 시켜 먹어야 되는 줄 알았던 것이다. 하지만 순례자 메뉴는 가격도 꽤 비싸고 메뉴에도 변화가 없어서 점점 식상하게 느껴졌다. 더구나 이 음식은 세트 메뉴의 한 종류라서 식당에서만 먹을 수 있고 간단한 요깃거리만을 파는 바에서는 먹을 수 없다는 불편함도 있었다. 그래서 다음 단계에는 값이 싸고, 들고 다니기에도 편하고, 바에서도 쉽게 사 먹을 수도 있는 보카디요를 찾게 된다.

그다음은 더 저렴한 방법으로, 걸어가는 중에 만나거나 아니면 마을에 도착해서 만나는 슈퍼마켓에서 바게트 빵을 사서 가운데를 가르고 재료들 즉 치즈, 하몬, 야채 등을 넣어 먹게 된다. 그게 바로 직접 만든 보카디요다. 그렇게 직접 만들면 들고 다니기에도 좋다.

그런데 바게트 빵은 시간이 갈수록 딱딱해지는 단점이 있다. 이것을 보완하기 위한 방법으로, 바게트 빵을 식빵으로 바꾸니 딱딱하지 않고 부드러운 맛이 나는 훌륭한 샌드위치를 먹을 수 있게 되었다.

가끔 식당에서 먹을 때, 순례자 메뉴 대신에 '플라토 콤비나토'를 시키고 음료를 따로 하나 시키면 상대적으로 싸게 순례자 메뉴 코스의 메인 요리를 먹는 셈이 된다.

  산티아고 데 콤포스텔라까지 하루를 남기고 유명을 달리한 사람을 기리는 묘비가 있는 곳을 지나며 그의 명복을 빌었다.

  알베르게에 도착하자 아까 길에서 아이들을 데리고 걸었던 부부가 우리 뒤로 들어왔다. 알베르게 사무실 아주머니는 그 아이들 중 어린아이를 번쩍 들어 올리면서 "얘도 당당한 순례자예요." 하고 어르며 귀여워했다.

  빨래를 해 널었는데 갑자기 비가 쏟아졌다. 며칠째 저녁에 비가 와서 빨래가 잘 마르지 않는다. 건조기를 쓰려고 보니, 동전 4.4 유로가 있어야 하는데 아내에게는 맞는 동전이 없었다. 옆에 있던 아이들 엄마가 딱한 사정을 눈치 채고는 가지고 있던 동전을 선뜻 내주었다. 카미노의 인심은 이렇다. 아내는 고맙다며 또 네 잎 클로버로 보답했다.

  저녁은 여기서 또 만난 자매가 홍합 밥을 특식으로 해 줘서 잘 먹었다. 어제 본 어린 학생들이 이 알베르게에서 숙박하면서 식당을 점령하려 해, 빈 시간에 맞춰 서둘러 먹었다.

드디어 산티아고로!

카미노 33일 5월 2일(월)

드디어 산티아고 데 콤포스텔라에 입성하는 날이다. 어제 저녁에는 무섭게 비가 내리더니 지금은 그쳤다. 오늘도 비는 우리를 피해 가나 보다. 붐빌지도 모르니 12시에 있을 순례자를 위한 미사에 참석하려면 일찍 출발해야 한다.

새벽 5시, 설레는 마음으로 일어나 준비하고 길을 나섰다.

아직은 깜깜한 유칼립투스 나무 숲길을 갔다. 벌써 앞서 가는 사람들도 있었다. 깜깜한 새벽길은 그냥 앞 사람들을 따라가는 게 편했다.

다정한 순례자의 모습.

'산티아고 데 콤포스텔라'는 '별들의 초원에 있는 야고보 성인'이라는 뜻이다. 그래서 혹시 새벽 밤하늘에 초롱초롱한 별들을 볼 수 있지 않을까 기대했는데, 안개가 꽤 짙다.

앞에 다정하게 손 잡고 가는 남녀의 모습에서 경건함이 느껴졌다. '우리가 함께 이 일을 해냈다'는 벅찬 감동을 저렇게 표현하는 것이리라.

이제 우리의 카미노도 정리할 시간이다. 카미노를 출발하면서 카미노 중에 생각하기로 했던 주제들 즉 하느님 사랑, 이웃 사랑 그리고 부부 사랑에 대해 되새겨 보았다.

하느님 사랑. 우리는 이번 카미노 내내 하느님의 사랑을 듬뿍 받았다. 고통 속에서조차 깨달음을 통해 그 고통을 치유해 주시는 하느님의 사랑을 느낄 수 있었다. 우리가 처음 생각한 하느님 사랑은 하느님으로부터의 사랑이 아니라 하느님을 향한 사랑이었다. 어떻게 하는 것이 하느님을 사랑하는 것인가를 알고자 했었다. 그러나 우리는 하느님을 사랑하는 방법을 알기도 전에 하느님의 사랑을 일방적으로 받았다.

가만히 생각해 보면 하느님의 사랑은 우리가 하느님을 향해 있을 때만 느낄 수 있었다. 그러면서 깨닫는다. 하느님의 사랑은 언제나, 어디서나, 누구에게나, 무엇에나 항상 있는 것이라고. 그래서 그 사랑은 하느님으로부터 특별히 받는 것이 아니라, 우리 일상 자체가 모두 하느님 사랑으로 이루어져 있다는 사실을 깨닫는 것이 바로 하느님의 사랑을 받는 것이라고.

몬하르딘에서 명상 시간을 가진 이후 줄곧 내 머리를 떠나지 않은 단어는 '진리'였다. 진리는 참된 길이고, 진리가 곧 하느님일 텐데 나는 어떻게 진리를 찾을 수 있을까 하고 생각해 왔다. 그러나 이제는 안다. 지금의 일상을 하느님을 향해 사는 것이 곧 진리라고. 그렇게 진리는 분명히 멀리 있지 않고, 그 내용이 어렵지 않으며, 바로 우리 곁에 우리와 같이 있다고. 그것이 바로 하느님 사랑이라는 것을.

이웃 사랑. 우리는 카미노 중에 많은 사람을 만났다. 나이가 다르고, 국적이 다르고, 모습이 다르고, 참여 동기가 다르고, 또 생각이 다른 사람들이었다. 그 사람들 모두가 하나같이 좋은 사람들이었다. 각자 나름대로 스스로의 길을 즐기면서도 남을 배려할 줄 알고, 남에게 양보할 줄 알고, 남을 존중할 줄 알고, 남을 사랑하는 그런 사람들이었다. 육체적으로는 힘들기 그지없는 카미노인데 도대체 무엇이 그들을 그렇게 만들까를 생각하게 된다.

나는 카미노를 통해 감사를 배웠다. 특히 사소한 것에서의 감사를 배웠다. 카미노의 의식주는, 지금까지의 내 생활과 비교하면 무엇 하나 제대로 된 것이 없다. 불편하고, 낯설고, 거칠고, 부족했다. 그러나 그럴수록, 그런 잠자리가 있어서 힘든 하루를 쉴 수 있다는 사실이 고마웠고, 먹을 음식이 있어서 내가 견딜 수 있는 것이 고마웠고, 내 몸을 보호해 주는 옷가지들이 있어 고마웠다. 또 무거운 짐을 지고 가는 중에도 지탱하며 고통을 이겨 내 주는 내 몸이 고마웠고, 나아가 이제는 나 자신의 존재 자체가 고맙다. 게다가 내 곁에서 힘든 나를 챙겨 주는 아내의 애타는 헌신이 고마웠고, 아내가 내 곁에 존재한다는 사실이 너무 고마웠다.

나는 이제 감히 그 모든 것들을 사랑한다고 말할 수 있다. 카미노의 다른 사람들도 다 나와 같으리라. 즉 먼저 자기 자신의 존재에 감사할 줄 알게 된 이후에 다른 사람들에게 감사할 줄 알게 되고, 그러면 우리가 카미노에서 다른 사람들의 사랑을 받는 체험을 했듯이, 결국 자연스럽게 사람들에게 사랑을 베풀 줄 알게 되는 것이다. 그들은 카미노 중에 그렇게 이웃 사랑을 실천하고 있는 것이다.

부부 사랑. 우리는 카미노를 통해 서로가 정말 사랑하고 있다는 것을 확인했다. 그런데 그 사랑은 결코 새로운 것이 아니었다. 아주 오래전부터 이미 우리는 사랑하고 있었다. 그동안은 그 사랑을 인식하지 못하고 있었을 뿐이다.

우리는 카미노를 통해 오랜 시간 동안 가까이 지내면서 사소한 것에서부터 서로를 이해하고 포용하고자 노력했고, 그런 노력이 바로 사랑이라는 것을 알았다. 그러나 이 사랑이 앞으로도 계속해서 잘 유지되리라고 보장할 수는 없다. 부부 사이에는 항상 갈등을 일으킬 수 있는 요소들이 잠재하고 있기 때문이다.

우리 부부는 이번 카미노 중에 부부 사랑을 실천하면서 부부 사랑의 의미를 알았고, 앞으로의 일상에서도 서로가 서로를 감싸려는 노력을 해야 한다는 것을 깨달았다. 좀 더 성숙해지는 우리 사이를 느낀다.

이렇게 우리는 하느님의 커다란 사랑 속에서, 카미노를 같이하는 사람들을 통해 이웃을 사랑하는 방법을 배웠고, 우리 부부의 사랑을 키워 나가는 기술을 익혔다. 또 사랑에 대해 좀 더 깊이 생각하면서, 사랑의 출발점은 상대방에게 감사하는 마음을 갖는 것이며, 사랑은 자기를 낮추는 것 즉 겸손함으로 표현되며, 사랑의 행동은 상대방이 베푼 감사에 대한 보답으로 자기를 희생함으로써 나타나는 것이라고 알게 됐다. 더불어 사랑은 상대에게서 받기를 기다릴 것이 아니라 내가 먼저 주어야만 한다는 것과, 사랑은 행동될 때에만 의미가 있는 것

산티아고 대성당.

이지, 행동하지 않는 사랑은 아무 의미가 없다는 것도 알았다.

카미노는 일탈逸脫이다. 지금의 생활을 철저히 벗어 버리는 것이다. 그런 의미에서 카미노는 일종의 버림이다. 버려야 채울 것이 생기나 보다. 나는 나의 일상을 버림으로써 일상의 평범한 것들의 진정한 의미를 깨달으며 나를 채울 수 있었다. 트리아카스텔라에서의 특별한 미사 후에 받은 자료 가운데 마음에 와 닿았던 구절이 떠오른다.

'카미노는 추구하고 발견하기 위해 가는 길이며, 낯선 사람은 아무도 없고 모두가 하나이며 또 모두가 형제가 되는 여정이다.'

고소산Monte de Gozo에 올라섰는데도 아직 걷히지 않은 안개 때문에 그렇게 아름답다는 산티아고 데 콤포스텔라 전체의 모습을 볼 수가 없었다. 아쉬움을 달래며 조용히 입성했다.

그때 어떤 남자가 다가오더니 이내에게 반갑게 알은척하며 말했다.

"네 잎 클로버!"

그렇다. 오래된 수도원으로 유명한 사모스로 갈 때 우리와 같이 갔던 남자다. 그때 이내가 그 남자에게 네 잎 클로버를

산티아고 데 콤포스텔라 순례자 사무실에서 받은 인증서를 들고서. 뿌듯하다.

주었다. 네 잎 클로버의 위력을 실감한다.

카미노 사무실에서 인증서를 받았다. 우리는 감격하며 사진을 찍었다.

대성당 앞은 너른 광장이다. 카미노를 마친 사람들의 표정이 가지가지였다. 배낭을 베개 삼아 큰 대자로 누워 있는 사람, 감격한 표정으로 성당을 바라보며 흐뭇해하는 사람, 무릎 꿇고 기도드리는 사람, 너무 좋다고 큰 소리로 떠들어 대는 사람, 서로 부둥켜안고 펄쩍펄쩍 뛰는 사람……. 각자 나름대로의 성취감을 맛본다.

워낙 일찍 출발해서인지 12시 미사 시간까지 여유가 있었다. 대성당 건물의 규모와 조각의 정교함에 감탄하며 안으로 들어가 제대에 있는 야고보 성인과 포옹도 했다.

뿌듯한 마음에 미사가 더욱 경건하게 느껴졌다.

"하느님, 감사합니다!"

땅끝 마을 피니스테레

5월 3일(화)

　버스를 타고 '피니스테레'로 갔다. 피니스테레는 우리말로 하면 '땅끝 마을'이다. 이 여정의 끝을 보고 싶었다.
　땅끝 바닷가에 도착한 후 아내는 그동안 쓰고 다니던 모자를 벗어 십자가에 놓았다. 예수님께 감사하는 마음이 들어서였기 때문이리라.
　카미노 0.00km 푯말이 인상적이었다. 한쪽에서는 어떤 여자가 앉아서 노트에 무언가를 열심히 쓰고 있었다. 내가 큰 소리로 말했다.

왼편: 카미노의 끝을 알리는 표지석.
오른편: 십자가에 얹혀진 아내의 모자. 아내는 모자를 얹어 놓고 감사의 기도를 드렸다.

"더 이상 갈 데가 없습니다!"

그녀가 감격에 겨운 목소리로 크게 대답했다.

"우리가 해냈습니다!"

더 이상 갈 곳이 없는 땅끝에 앉아 한참 동안 바다를 보며 감상에 젖었다.

카미노를 마친 한 순례자의 모습.

part 4
카미노, 그 후

다시 삶을 살며

카미노를 마치고, 막걸리를 마시며 친구들에게 보고회를 했다. 카미노 생활에서의 희비, 성공적인 부부 여행에 관한 자랑, 가톨릭 신자로서 카미노의 신앙적 의미 등을 나름대로 정리해서 얘기했다. 그러나 막상 얘기하고 나니, 내가 정말 카미노에서 얻은 것이 무엇인지에 대한 답이 없다고 느끼게 되었다. 카미노를 마쳤지만, 그것으로 인해 정작 내 생활에서 변화되는 것이 무엇일까를 생각해 보니 딱히 떠오르는 것이 없었기 때문이다. 그러면서 다시 카미노의 의미를 생각해 보게 되었다.

카미노 생활은 지금과는 비교할 수 없을 정도로 고통스럽고 초라한 생활이었다. 그러나 카미노는 신앙에 관한 생각, 삶에 관한 생각, 나라는 존재에 관한 생각, 나와 남의 관계에 관

산티아고 데 콤포스텔라 역 앞에서 아내와 함께

한 생각 등 무수히 많은 것을 자유롭게 생각하는 사유의 시간이었다. 그 시간은 분명히 과거 어느 때보다도 의미 있는 시간이었다.

생각이 여기에 미치자 결국 의미 있게 산다는 것은 빈부, 애환, 성패 등의 기준 즉 '어떻게 사느냐?'의 기준으로 평가되는 것이 아니라 '살아 있다는 사실 자체에 가치를 부여하며 사는 것'이라고 생각하게 되었다. 그러면서 내 존재, 즉 내가 살아 있음 그 자체가 바로 하느님의 은총이라고 느껴졌고 저절로 '하느님 감사합니다!' 하고 기도드리게 되었다.

내 존재에 감사하며 사는 삶이란 과연 어떤 삶이어야 할까? 그것은 바로 어떤 형태로든 감사함에 보답하는 삶이어야 한다고 여겨졌다. 그럼, 보답하는 삶은 또 어떤 삶이어야 할까? 그

것은 나 자신을 위해 사는 삶이기보다는 남을 향해 사는 삶, 즉 남에게 도움을 주는 삶이라고 생각되었다. 결국 카미노에서 만난 K 씨가 얘기했듯이, 자기의 역량을 발휘해 남에게 도움을 주고 사회에 기여하는 삶을 사는 것이 내 존재의 감사함에 보답하는 길일 것이라고 정리할 수 있다.

  이런 생각의 결론에 따라 나는 봉사 활동을 시작하는 것으로 내 생활의 변화를 시도했다. 본당에서 어려운 사람들을 돕는 단체인 '나눔회'에 가입해서 활동했다. 나는 이 모임을 통해, 가끔 주위에 있는 어려운 사람들을 찾아다니며 도움을 주었다. 그러나 내게는 아직까지 그런 행동이 어색하고 불편하며 마음에 와 닿지 않았다. 그러다 보니 내 행동이 부자연스럽고 소극적이 되는 듯 느껴지기도 했다. 그 이유는 그동안의 내 신앙과 생활과의 괴리 때문일 것이다. 마음이 있다고 해서 그것을 곧바로 행동으로 바꿀 수 있는 것은 아니라는 것을 깨달았다. 그리고 생각을 행동으로 바꾼다는 것이 얼마나 힘든 것인지를 새삼 느끼게 되었다.

  이런 활동과는 별도로 병원 봉사도 시작했다. 처음에는 병원 국제 진료 센터에서 외국인 내방자를 위한 통역을 시작했다. 그 일은 무리 없이 할 수 있는 일이었다. 그러나 지금은 말기 암환자들의 통증을 완화시키는 데 도움을 주는 호스피스 활동으로 봉사 내용을 바꾸었다. 그동안 한 번도 경험해 보지 못했던 일인데다가, 봉사하기 위한 기본 역량도 거의 없어서 내게는 지극히 어려울 수도 있는 일로 바꾼 것이다. 이렇게 더 어려운 것에 도전하는 것이 행동의 변화에 굼뜬 나를 자극하는 데 도움이 될 거라고 판단했기 때문이다.

아내는 오래전부터 병원 봉사를 해 왔다. 이제 내가 동참함으로써 우리 부부는 함께 봉사하게 되었다. 나의 봉사 참여는 일상에서 부부 관계를 더 가깝게 하는 데에도 기여하게 되었다. 많은 사람들이 이를 부러워한다.

카미노 생활의 또 다른 변화로 이 책을 출판하려고 도전한 것을 들 수 있다. 대기업에 오래 근무했던 나는 과거에 글을 써 본 적이 없다. 내가 이렇게 책을 내기로 결정한 것은 순전히, 카미노라는 어려운 과정까지도 견딘 내가 할 수 없는 일은 없을 거라는 생각이 바탕이 되어 이루어진 것이다.

고 박경리 선생님의 따님이 TV에서 인터뷰를 하는 것을 본 적이 있는데, 그때 그분의 말씀도 내가 책을 내는 데 힘을 실어 주었다. 나는 훌륭한 작가들은 모두 타고난 재주를 갖고 있는 줄 알았다. 그런데 그 인터뷰에서 그분은 박경리 선생님처럼 훌륭한 작가도 글을 쓴 후 열 번 이상을 고친다고 말씀하셨다. 그 말씀을 듣고 글을 잘 쓴다는 것은 천부적인 것이 아니라 부단한 노력의 결과라는 사실을 알았고, 나도 글을 쓴 후에 부족한 만큼 스무 번 아니 그 이상을 고친다면 내 글도 훌륭하게 될 수 있겠다는 희망을 가지게 되었다.

그렇게 나는 이 원고를 작성했고, 고치고 또 고쳤다. 나중에 원고를 출판사에 넘긴 후 출판하기로 결정했다는 소식을 듣게 되었을 때, 카미노를 통해 배운 도전이 이렇게 실현되는구나 하고 생각되어 정말 기분이 좋았다. 이제는 어떤 일이든지 두려움이나 어려움보다는 가능성과 희망을 보며 도전할 줄 아는 자세를 가질 수 있다고 자신한다.

카미노를 통해 삶의 자세를 변화시킬 수 있는 몇 가지 교훈도 얻었다. 그중 하나는 사람은 본질적으로 선하다는 것이다. 카미노에서 만난 모든 사람들이 예외 없이 그랬기 때문이다. 그동안 나는 때때로 다른 사람에게 배타적이거나 의구심을 가지고 대하곤 했다.

또 다른 교훈은, 사람과의 만남에서는 만나는 그 순간이 가장 중요하다는 것이다. 카미노 중에는 아무리 친해졌더라도 다음 순간 바로 헤어져 각자의 길을 따라 따로따로 갈 수밖에 없었다. 이런 방식으로 사람과 만나고 헤어지는 것을 경험하면서, 사람 사이의 관계는 만나는 그 순간에 이루어지기 때문에 그만큼 그 순간이 서로에게 중요하다는 것을 느꼈다. 이제 사람과의 만남이 얼마나 귀중한 것인지를 다시 생각하며 그동안 알고 지낸 사람들과의 만남 하나하나를 귀하게 여기리라고 다짐한다.

마지막으로 카미노 중의 육체적 고통을 통해 고통도 피할 수 없는 인생의 한 부분이라는 사실을 인식했다. 지금까지 인생을 살며 고통스럽게 느껴진 때는 그리 많지 않았다. 그러나 언젠가는 어떤 형태로든 그런 고통이 내게 다가오리라는 것을 깨닫게 되었고, 그때 나는 그 고통도 내 인생의 중요한 일부분으로 여기면서 잘 견뎌 내야 할 일로 기꺼이 받아들여야 한다는 것을 알게 되었다.

이런 생활과 생각 또는 태도의 변화가 꼭 카미노를 다녀왔기 때문에 나타났다고만은 할 수 없을지도 모른다. 그러나 어쨌든 지금 내게는 카미노가 이런 변화를 일으키는 촉매 역할을 한 것이 사실이다.

앞으로 나는 이런 변화의 방향을 계속 유지하며 변화의 크기를 키우는 노력을 해야겠다고 다짐한다.

아내 이윤순 씨의 카미노

남편은 한 번 하지 않겠다고 한 것을 뒤집어서 다시 하겠다고 한 적이 한 번도 없는 사람이다. 그런 그가 한 번 거절한 산티아고 순례가 내 평생에 이루어지리라고는 꿈에도 상상하지 못했다. 그런 그가 갑자기 산티아고를 가자고 했을 때 나는 믿을 수가 없을 정도였다. 그와 함께 몸 만들기에 들어가게 되자 주로 패키지로 다녔던 성지 순례와는 차원이 다른, 직접 걷는 순례를 할 수 있다는 것과, 남편이 쉬는 동안에 오랜 시간을 함께하는 제대로 된 부부 여행에 대한 기대감도 점점 자라고 있었다.

남편은 카미노를 매우 진지하게 생각했으나 내게는 가벼운 순례 반, 즐거운 여행 반의 의미였다. 그래서인지 나는 카미노 중에도 그냥 생각 없이 걷는 것 자체를 즐겼고, 그 속에서 쉽게 하느님의 은총을 느꼈으며, 그와 함께하는 긴 시간 속에서도 지루함보다는 보람을 찾을 수 있었다.

나는 카미노 중에 다른 사람들을 위한 일, 즉 철 십자가 밑에 기도문을 묻은 것과 다른 순례자들에게 네 잎 클로버를 나눠 준 것을 가장 즐겁고 뜻깊은 일로 여긴다.

카미노를 준비하는 동안, 나는 평소 가깝게 지내는 사람들을 만날 때면 카미노 얘기를 하곤 했고, 그때마다 사람들에게 미리 준비한 쪽지에 기도문을 작성하도록 권유했다. 그렇게 한 것은 기도문을 쓴 사람들의 기도를 빌어 줌으로써 우리 부부가 카미노 중에 받는 은총을 현지에서 다른 사람들에게도 직접 나눠 주겠다는 생각과, 기도문을 준 사람들도 분명히 우리 부부를 위해 기도해 줄 테니 그들의 기도로 우리의 카미노 여정을 성공적으로 마무리하겠다는 생각이 함께 들었기 때문이다.

나는 카미노를 출발하기 전부터 다른 사람들로부터 받은 기도문들을 일일이 읽으며 기도했고, 카미노 중에도 걸어가면서 혹은 미사 중에 그 기도문들을 떠올리며 기도했다. 특히 철 십자가 밑에 기도문들을 묻는 바로 전날 저녁에는 배낭 깊숙이 간직하던 기도문들을 꺼내 다시 하나하나 읽으며 한참 동안 기도했다. 빗속에서 철 십자가 밑에 기도문들을 묻으면서도, 기도문에 있는 기도들이 모두 이루어지기를 바라며 두 손 모아 기도했다. 기도문 중에는 아무것도 적지 않은 백지를 한 장 더 두었는데, 그것은 기도문을 미처 받지 못한 사람들의 기도를 거기에 모두 담겠다는 뜻이었다.

당초 나는 기도문을 비닐봉지에 담아 돌무더기 속 깊이 묻으려고 했다. 하지만 기도문이 빨리 삭는 것이 오히려 기도가 빨리 이루어지는 길이 되리라는 생각에, 돌로 가볍게 눌러 주는 정도로만 마무리했다. 그렇게 기도문을 바치고 난 후 마치 큰 짐을 덜어 놓은 듯 홀가분했고, 모든 기도가 꼭 이루어질 것 같은 느낌이 들면서 기분이 그렇게 좋을 수가 없었다. 기도문을 묻은 그날이 바로 예수 부활 대축일이라 더욱 그랬던 것 같다.

우리가 기도문을 묻을 때는 비가 꽤 세차게 내렸다. 그러나 기도문을 묻고 빗속 산길을 한참 동안 걸어 건너편 산에 올라서며 뒤편으로 기도문들을 묻은 철 십자가 쪽을 바라볼 때는 비가 멈춰 있었다. 그 순간 성령을 느끼며 마음 속으로 소리쳤다. "주님 영광 영원히 받으소서!"

나는 어렸을 때부터 네 잎 클로버를 잘 찾았다. 30여년 전 결혼 전의 우리는 교외에 나가 데이트하곤 했는데, 나는 클로버 밭만 있으면 네 잎 클로버를 찾아내곤 했다.

네 잎 클로버는 세 잎 클로버 줄기에는 없다. 네 잎을 가진 줄기를 하나 찾으면 그 줄기는 잎사귀가 네 잎인 것이 많다. 그래서 네 잎 달린 줄기를 찾으면 한꺼번에 많은 네 잎 클로버를 찾을 수 있다.

나는 카미노를 가며 길옆에 보이는 클로버에서 네 잎 클로버를 쉽게 찾아내곤 했다. 그렇게 찾은 네 잎 클로버의 행운을 나만 가지고 있을 게 아니라 남에게 나눠 주는 것이, 작으나마 카미노에서 남을 위해 할 수 있는 일이라고 생각했다. 특히 카미노 중에 어렵고 힘들어 하는 사람들에게 네 잎 클로버를 줌으로써 용기를 북돋아 주고 싶었다.

네 잎 클로버를 받는 사람들의 태도는 가지가지였다. 배낭 뒤에 꽂고 가는 사람, 손에 받쳐 들고 한참을 가는 사람, 책갈피에 곱게 모시는 사람 등……. 네 잎 클로버를 받은 사람들은 누구든지 활짝 웃으며 좋아했고 정말 새로운 힘을 얻은 듯한 표정이었다. 그런 모습을 보고는 나도 흐뭇했다.

카미노 내내 남편과 보낸 시간은 참 소중했다.

출발 전, 우리는 짐도 각자 꾸리고 빨래도 각자 하자는 원칙을 정했다. 그래야 서로 육체적으로 힘든 상황에서 상대방에게 부담을 주지 않게 되고, 둘의 관계가 잘 유지될 수 있으리라는 생각 때문이었다. 그러나 카미노 초기부터 내가 배낭 무게를 견디지 못해 남편이 내 짐을 덜어서 지고 가기 시작하면서 그 원칙이 깨졌다. 덕분에 나는 카미노 내내 잘 걸었고 몸도 아프지 않았다. 반면에 남편은 걸을 때는 잘 견뎠지만 숙소에 도착하면 힘들어 했다. 그가 그렇게 힘들어 하는 모습을 보며, 그 이유는 내 짐을 많이 덜어 갔기 때문이라고 생각했다. 그런 마음 때문에 나는 남편의 일도 기꺼이 했다. 절름거리며 걷는 모습을 보거나 아픈 발가락을 치료해 줄 때 무척 애처롭게 보였고 미안한 마음이 더 들었다.

나는 영어를 못한다. 그래서 카미노 중에 만나는 사람들과의 대화는 남편이 통역해 주어 가능했다. 나는 언제든지 필요할 때 도움을 받을 수 있는 사람이 옆에 있다는 것에서 든든함을 느꼈다. 그러나 한편으로는 그렇게 하는 것이 남편에게서 보다 많은 사람들과 교류할 수 있는 시간을 뺏는 것 같아 미안하기도 했다. 이런 과정을 통해 나는 남편이 얼마나 나를 위하는지를 느끼게 되었다.

카미노를 마치고 나는 기도문을 전해 준 사람들과 만나서 우리 부부의 카미노를 위해

카미노의 긴 여정을 끝내고 땅끝에 선 남편과 나.

기도해 준 것에 고마움을 표시했다. 그러자 몇몇 사람은 기도문에 적힌 대로 소원이 이루어졌다고 오히려 우리에게 고마워했다. 참 뿌듯했다. 나는 그런 모임에 갈 때 카미노에서 찍은 사진을 가지고 가서 사람들에게 보여 주었다. 마음에 드는 사진을 크게 현상해 원하는 사람들에게 나눠 주기도 했다. 그 사진을 받은 사람들은 사진 속의 길이 예수님과 함께한 길이라며 집에 걸어 놓고 본단다. 나는 카미노의 은총을 이런 방식으로 나눌 수 있어서 행복하다.

카미노 이후 내 생활에 큰 변화는 없지만, 나는 남편에게 말하곤 한다.

"카미노는 정말 좋았어요. 당신이랑 또 여행하고 싶은데, 다음에는 이탈리아 수도원 순례기 이때요?"

부록

카미노는 어떻게 하는 걸까?

길

카미노는 처음부터 끝까지 노란색 화살표와 카미노의 상징이자 야고보 성인의 상징이기도 한 가리비 조개 문양으로 가는 길을 표시하고 있다. 따라서 순례자는 그 화살표 방향과 가리비 문양만을 따라가면 된다.

큰 마을이나 도심지같이 골목길이 많은 곳과 갈림길에서는 주의해서 표시를 살펴야 길을 놓치지 않는다. 화살표는 형광이라서 어둠 속에서도 아주 잘 보인다.

산을 오르내리며 숲길도 만나고 평탄한 풀밭 길도 만나며,

화살표는 필요한 곳 어디든 꼭 표시되어 있다.

아스팔트 길을 힘들게 가다가 자갈길이나 흙길을 만나기도 한다. 때로는 정겨운 물소리를 들으며 가지만 끝없이 너른 들길을 지루하게 가기도 한다.

어떤 길이든 폭이 약 2~4m 정도로 잘 골라져 있어서 걷는 데 큰 무리는 없다.

걷는 중에 무리가 되거나 긴급한 일이 있을 경우에는 택시나 버스를 이용할 수도 있고, 짐을 다음 숙소로 부치고 몸만 걸을 수도 있다. 우리 부부는 내내 짐을 지고 걸었는데 내 짐은 12kg 내외, 아내의 짐은 8kg 내외였다.

포장된 도로 옆에 별도로 순례길이 있다.

하루 동안 갈 길은 그날그날의 컨디션과 도착지 또는 경유지에서 볼거리를 보는 데 걸리는 시간 등을 종합해서 출발 전에 미리 다음 목적지를 정한 후 움직이는 것이 좋다.

우리 부부는 하루 평균 25.8km를 걸었고, 쉬는 시간을 포함해서 한 시간에 대략 4.5km 정도의 속도로 걸었다.

카미노 중에는 스페인의 4개 주를 거치게 된다. 동쪽에서부터 순서대로 '나바르Navarra', '라 리오하La Rioja', '카스티야 이 레온Castilla y Leon', '갈리시아Galicia'다. 카미노를 위한 안내 책자는 각 주별로 제작되어 있다. 각 주를 지날 때 비교적 큰 마을의 관광 안내소나 순례자 사무실에서 주별 안내 책자를 구할 수 있다. 이 책자에는 각 지역 소개, 볼거리, 숙소를 포함한 마을 시설 등이 잘 정리되어 있어 유용하다.

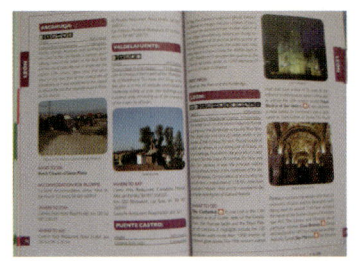
카스티야 이 레온에서 받은 책자. 손바닥만 한 작은 크기지만 정보가 꽤 많다.

가끔은 영어로 된 안내 책자가 없는 경우도 있다.

숙소

순례자 전용 숙소를 '알베르게Albergue'라고 한다. 알베르게는 카미노 중에 거치는 대부분의 마을에 있다. 운영 주체에 따라 지방 자치 단체 운영 공설 알베르게, 교구 운영 알베르게, 수도회 또는 수녀회 운영 알베르게, 외국 협회 운영 알베르게 그리고 사설 알베르게로 나뉜다. 각 지역별로 운영 주체, 수용 인원, 가격, 보유 시설 등이 다르다. 가이드북 또는 현지에서 얻을 수 있는 정보를 잘 참조해야 한다.

대개 사설 알베르게의 관리인은 영어를 잘하지 못해 관리인과 소통이 어렵지만, 그게 불편하지는 않다.

알베르게는 길 바로 옆에 있기도 하고, 마을에 들어서서 잘 찾아야 하는 곳에 있기도 하다.

카미노 전체 여정의 알베르게 정보는 카미노 출발지인 생장 피드포르의 순례자 사무실에서 얻을 수 있다. A4 용지 한 장 앞뒤에 깨알 같은 글씨로, 그것도 불어로 표시되어 있지만 카미노 내내 아주 유용하다.

알베르게는 한 방에 여러 개의 2층 침대를 갖추고 있다. 가끔은 바닥에 매트리스가 깔려 있기도 하며 공용으로 쓰는 화장실과 샤워실이 있다. 규모와 설립 시기에 따라 안락함과 편리함에는 차이가 크다. 대체로 큰 도시에서는 규모도 크고 설비도 잘된 공설 알베르게를 새로 정비해 놓아 쾌적하며, 작은 마을에서는 가격이 약간 비싸긴 하지만 사설 알베르게가 비교적 양호하다.

알베르게는 예약을 받지 않고 선착순으로 순례자를 받는다. 그래서 머물 장소에 도착하면 우선 알베르게로 가서 순례자 여권을 보여 주고 등록을 해야 한다. 그 후에 몸을 씻고 쉬거나 마을을 둘러보며 쇼핑 또는 식사를 하게 된다.

성수기인 여름에는 때때로 방 부족 사태를 경험하기도 한다. 반면에 겨울에는 문을 닫는 알베르게도 많다.

문 여는 시간은 알베르게마다 조금씩 다르기는 하지만, 보통 아침에 순례자들을 내보내고 청소를 한 후 오후 2시경부터 순례자들을 받는다. 문을 열기 전에 도착하면 배낭을 벗어 도착한 순서대로 줄지어 놓고 있다가 문을 열면 순서대로 등록한다. 저녁 늦은 시간에는 문을 닫아 출입할 수 없다.

과거에는 알베르게에 빈대가 있어서 고생한 사람들이 있었다고 하는데, 최근에는 알베르게에서 일회용 시트를 제공하는 등 위생에 유의하고 있어서 그런지 전체 여정 동안 우리는 실제로 빈대를 본 적은 한 번도 없다.

알베르게에서는 밤에 화장실을 가거나 아침 일찍 출발하는 경우에 자고 있는 사람들에게 방해가 되지 않도록 조심하는 것이 카미노 예절이다.

숙박비는 1인당 하루에 4~10유로다.

순례자 여권

'크레덴시알Credencial'이라고 부르는 순례자 여권은 순례자임을 증명하는 서류다. 대부분 출발 전에 순례자 사무실에서 직접 발급받지만, 미리 인터넷으로 영국의 성 야고보 협회 www.csj.org.uk에 요청하여 발급받거나, '산티아고 대학인 순례자 협회'를 통해 발급받기도 한단다.

카미노 중에는 크레덴시알을 제시함으로써 순례자 대우를 받게 된다. 병원에서는 치료비 면제 혜택을 주기도 하고, 박물

우리 부부가 사용한 크레덴시알.

관이나 성당에서는 입장료를 감면해 주기도 한다.

순례자는 카미노 중에 들르는 알베르게, 성당, 박물관, 식당, 순례자 사무실에서 그곳을 들렀다는 확인으로 크레덴시알에 스탬프를 받는다.

카미노의 최종 목적지인 산티아고 데 콤포스텔라에 도착하면 산티아고 대성당에서 운영하는 순례자 사무실에서 카미노를 마친 사람들에게 카미노를 완수했다는 증명서를 발급해 주는데, 이때 크레덴시알에 찍힌 스탬프로 그 순례자가 제대로 순례했는지를 확인한다.

우리 부부는 하도 여기 저기 많은 곳을 찾아다니며 스탬프를 찍어 대서 더 이상 찍을 공간이 없게 되자 결국 중간에 크레덴시알을 하나 더 발급받았다.

식사

걷는 도중 때가 되면 주로 바에 들러 간단히 요기하거나 음료를 마시게 된다. 문을 여는 시간은 바마다 차이가 크다. 알베르게와 바를 같이 운영하는 경우에는 일찍 출발하는 사람들을 위해 바 문을 일찍 열지만, 바만 운영하는 경우에는 아침나절 꽤 늦은 시간까지 열지 않는 경우도 있다. 그래서 아침식사는 미리 먹을거리를 준비해서 가지고 다니다가 길가에서 쉬면서 먹기도 한다. 물은 물통을 갖고 다니다가 출발 전에 알베르게에서 채우거나, 길 중간 중간에 있는 식수대에서 채우면 된다. 가끔은 '음료 불가'를 표시한 식수대도 있다. 우리 부부는 카미노 내내 물은 거의 사 먹지 않았다.

마을에 도착하면 식당이나 바를 이용할 수 있다. 식당은 요리를 먹을 수 있는 곳이고 바는 간단히 간식을 먹거나 음료를 마실 수 있는 곳이다. 대체로 식당과 바를 같이 운영하는데 시에스타 시간인 2시부터 4시까지는 모두 문을 닫는다. 그리고 4시부터 6시까지 운영하고 다시 문을 닫은 뒤 8시 이후에 문을 열어 저녁 장사를 시작한다. 순례자들에게는 특별히 '순례자 메뉴'라고 불리는 세트 메뉴를 7시 전후부터 판매한다.

드물기는 하지만 일부 알베르게에 부엌 시설이 있고, 충분하지는 않아도 요리 도구와 그릇이 구비되어 있어서 직접 요리해 먹을 수도 있다.

세탁

가방 무게를 줄이기 위해서 옷은 최소한으로 가지고 다녀야 한다. 그래서 매일 땀에 젖은 옷을 빨아 말려야 한다. 그러므로 빨리 마르는 기능성 옷이 좋다. 세탁기와 건조기를 구비한 알베르게도 꽤 있다. 대부분 사용료를 별도로 받는다.

대부분이 세탁 시설은 숙소 밖에 있다.

그런 시설이 없는 알베르게라도 빨래를 할 수 있도록 수도 시설을 별도로 갖추고 있고, 더운물은 아닐지라도 물은 충분히 사용할 수 있다. 날이 좋을 때는 빨래를 말리는 게 문제가 되지 않지만 늦게 도착하거나 날이 굿을 때는 어려울 때도 있다. 그럴 때는 다음 날 빨래를 배낭에 걸쳐 널어 옷핀으로 고정하고, 길을 걸어가면서 말리기도 한다. 우리 부부는 딱 한 번 덜 마른 겉옷을 입은 채로 출발한 적이 있다.

관광

걷는 도중이나 머무르며 만나는 도시와 마을에는 로마 시대 유적이 있고 성당이나 박물관에 볼거리가 있으며 자연 경관 또한 수려하다. 특히 오래된 성당은 어느 곳에나 있고 모두 나름대로의 특색이 있어서 들어가면 충분히 흥미롭다.

시간이 맞으면 미사 참례를 할 수도 있고 운이 좋으면 성당에 관한 설명을 들을 수도 있다. 종종 순례자를 위한 미사를 별도로 드리는 성당도 있다. 그러나 성당은 아침 시간에는 물론이고 낮에도 자주 문이 닫혀 있어 들어가지 못하는 경우가 많다.

큰 도시에서는 오래된 유물이 많은 구시가지를 돌아보는 것 자체가 좋은 관광이 된다. 1~5유로 정도의 입장료를 내야 하지만 박물관과 대성당을 보는 것도 좋다. 카미노 출발 전에 주요한 곳의 볼거리를 미리 메모하고, 대성당 등 주요 볼거리를 미리 공부해 가면 훨씬 유익하고 흥미를 높일 수 있다. 우리 부부는 이 점을 소홀히 해서 나중에 후회했다. 현지의 관광 안내소나 만나는 사람들로부터 정보를 얻어 보완할 수도 있다. 유의할 점은 휴일과 시에스타 시간을 고려해서 문 여는 날짜와 시간을 잘 살펴야 한다는 것이다.

만남

카미노 중에는 걸으면서 또는 쉬면서 다른 순례자들을 스치듯 만나게 된다. 또한 알베르게 등록 후 여유 시간에 알베르게 인에 있는 식당이니 정원 또는 다른 휴식 공간에서 여러 사람들을 만나 얘기하게 된다. 모두들 낯설지만 동료 의식에서 비롯된 친밀감을 느끼기 때문에 어울리는 데는 전혀 문제 없다. 현지 거주인과 스페인 순례자들은 대체로 영어를 잘 못해서 의사소통이 어렵지만, 생활에 지장을 줄 정도는 아니다. 스페인 이외의 다른 나라에서 온 순례자들과는 영어로 의사소통할 수 있다.

경비

알베르게에 등록할 때와 물건을 구입할 때, 마을을 관광하며 성당이나 박물관에 입장할 때 경비가 든다. 큰 돈은 아니기 때문에 우리는 주로 현금을 가지고 다니며 썼다. 큰 도시에서는 분실 위험이 있다고 경고하기도 하는데 대체로 위험하지 않다.

우리 부부는 카미노 기간 동안 숙식 및 관광을 하는 데 둘이서 하루 평균 50유로면 충분했다.

무슨 얘기를 하는 걸까? 내 표정이 꽤 진지하다.

주요 카미노 루트

카미노 루트는 무수히 많다. 영국 야고보협회 회원인 피터 로빈은 지도에 100개가 넘는 카미노 루트를 표시하고 있다. 그중 가장 많이 알려진 루트 세 가지를 살펴본다(영국 야고보협회 홈페이지 www.csj.org.uk에 있는 자료 참조). 세 가지 길 중에서 우리 부부는 프랑스 길 즉 '생장피드포르'에서 출발하여 '산티아고 데 콤포스텔라'까지 약 800km의 길을 걸었다.

1. 프랑스 길 Camino Frances

개요 | 가장 잘 알려지고 많이 찾는 길이다. 프랑스의 파리Paris, 베즐레Vézelay, 르 푸이Le Puy, 아를Arles에서 출발하는 4개의 길이 스페인에서 만난다. 1987년에 최초로 유럽 문화 순례지로 선정되었다.

가는 길 | 총연장 약 800km. 도보로 평균 총 4~6주, 자전거로 2주 이상 소요된다.
프랑스의 생장피드포르 → 스페인의 론세스바예스 → 팜플로나 → 푸엔테 라 레이나 → 에스테야 → 로그로뇨 → 부르고스 → 레온 → 아스토르가 → 폰페라다 → 사리아 → 산티아고 데 콤포스텔라

지형 | 시작하면서 피레네 산맥의 오르막과 내리막을 지난다. 부르고스와 레온 사이에서는 고지이면서도 아주 평평한 메세타 지역을 지난

다. 이후 나무와 숲이 많은 갈리시아 지방으로 들어서게 된다.

날씨 | 겨울에서 초봄까지는 피레네 산맥, 부르고스 전에 있는 몬테스 데 오카, 몬테스 데 레온과 갈리시아 지방에는 눈이 내릴 수 있다. 그때 나바레 지방에는 비가 심하게 온다. 갈리시아 지방에는 건기인 7, 8월까지 포함하여 연중 비가 심하게 내린다. 여름에는 루트 대부분이 몹시 덥기 때문에 4~6월과 9~10월을 추천한다.

볼거리 | 팜플로나, 부르고스, 레온, 아스토르가와 산티아고 데 콤포스텔라에 대성당과 수도원이 있으며, 그 외 작은 마을에까지 성당과 역사 유물이 풍부하게 있다.

시설 | 순례자만 묵을 수 있는 알베르게가 많이 있고 다른 숙소도 풍부하며 여름에는 몇몇 야영장을 활용할 수도 있다.

특징 | 과거에는 조용한 길이었으나 2003년에 총 순례 인원 65,000명에서 2010년에는 272,703명으로 증가하였다. 따라서 성수기에는 숙소가 부족할 수도 있다. 순례자를 위한 미사가 가능한 성당이 있다.

2. 북쪽 길 Camino del Norte

개요 | 이슬람 세력이 북쪽으로 확장되면서 프랑스 길이 위험해지자 이 길을 사용하게 되었다. 스페인 북쪽 바다를 통해 들어오는 사람들에게도 활용된다. 대부분 로마 시대의 아그리파 도로 Via Agrippa를 따라 조성되어 있다. 최근에 프랑스 길의 대체 길로 인기가 있다.

가는 길 | 총연장 약 825km. 이룬Irun에서 프랑스 국경을 넘어 계속 해안을 따라 가다가 갈리시아 지방에 이르러 내륙으로 들어선다.
이룬 → 산 세바스티안 → 빌바오 → 카스트로 우르디알레스 → 산탄데르 → 기혼 → 아빌레스 → 루아르카 → 리바데오 → 몬도네도 → 소브라도 도스 몬세스를 거쳐 아르수아에서 프랑스 길과 만난다.

지형 | 해안을 따라가기 때문에 많은 강을 건너야 하고, 오르막 내리막이 있다. 쉽지 않은 길이다. 경관이 수려한 곳이 많지만 바다를 보지 못하는 길도 꽤 있고, 반 정도는 내륙을 걷는 길이다. 이룬에서 빌바오까지는 산악 코스를 즐길 수 있다.

날씨 | 날씨 변덕이 심해, 화창하다가 춥기도 하다. 메세타 기후처럼 덥고 건조한 경우는 거의 없다. 일 년 내내 습기가 있다. 날씨를 기준으로 한다면 5월과 10월 하순을 추천한다.

시설 | 최근에는 시설이 많이 개선되었지만 아직도 일부 지역은 숙소 간 거리가 상당히 먼 곳이 있다. 서쪽으로 갈수록 양호하다. 북쪽 해안은 휴일을 지내는 스페인 사람들에게 인기가 좋기 때문에 여름철에는 시설 비용이 일반 관광객과 거의 같은 수준으로 올라가기도 한다. 침낭과 깔개가 꼭 필요하다. 아스투리아스에 있는 야영장에서는 순례자들에게 텐트를 빌려 주는 곳도 있다. 이 루트의 인기가 높아짐에 따라 순례자 숙소가 부족할 수 있으며 숙박 조건이 나빠질 수 있다. 그럴 경우 버스나 기차를 이용해 도심지에 있는 숙소를 구할 수도 있다.

볼거리 | 여러 곳에 멋진 성당 건물들이 있고 아름다운 다리와 건물

도 있다. 여러 곳의 구시가지가 흥미롭다. 기혼이나 아빌레스에서 버스나 기차로 오비에도를 찾아보는 것도 가치 있다. 해안과 산 경치가 멋지다.

자전거 순례 | 좋은 선택일 수 있으며 최근 점점 환경이 개선되고 있다. 자동차 도로를 건설하면서 그 길을 따라 상태가 좋은 자전거 도로가 생기고 있다. 여러 지형의 자전거 주행을 경험할 수 있다.

특징 | 프랑스 길과는 달리 다양한 건축물, 자연 경관, 문화, 음식 등을 경험할 수 있다. 여름 특히 7월 중하순과 8월에는 다른 순례자와 관광객들로 붐빌 수 있다.

3. 은의 길 Via de la Plata

개요 | 무슬림 통치 시절에 아프리카나 지중해 주변 지역에서 지중해를 건너와 세비야에 도착하거나 스페인 남부에 살던 그리스도인들이 다니던 길이다. 이 길은 평화롭고 아주 아름답기 때문에 순례를 처음 하는 사람들에게 추천한다.

가는 길 | 총연장 약 1,000km. 도보로 7~8주 소요된다.
세비야 → 메리다 → 카세레스 → 살라망카 → 사모라 → 아스토르가 또는 갈리시아 주를 통과하는 다른 길 → 산티아고 데 콤포스텔라

지형 | 아스토르가까지는 기복이 있다. 마을 간 거리가 긴 곳도 많다.

특히 사모라를 지나 갈리시아 지방으로 갈 때는 1,329m의 파도르넬로Padornelo, 1,262m의 칸다Canda를 지나야 하는 등 가파른 절벽과 심한 내리막을 가야 한다.

날씨 | 남부 지방은 특히 덥기 때문에 7, 8월은 피하는 게 좋다. 야생화를 보기 위해서는 4~6월도 좋지만 9~10월이 가장 좋다.

볼거리 | 많은 로마 유적(특히 메리다에서)과 로마네스크 양식의 성당, 야고보 성인 및 그와 관련한 자료, 예술 및 건축물을 볼 수 있다.

시설 | 공설, 사설 숙소가 많고 9개의 관광객 숙소albergue turisticos가 있으며 특히 에스트레마두라 주에는 약 25km 간격으로 있다. 메리다까지는 최소 25km마다, 그 후에는 30~35km 간격으로 있다.

특징 | 점점 사람들에게 알려지고 있지만 아직은 다른 길에 비해 상대적으로 호젓한 길이다. 2010년 총 카미노 인구 중 프랑스 길로 간 사람은 69.8%인 반면 이 길로 간 사람은 5.7%다. 프랑스 길과는 달리 순례자를 위한 미사를 별도로 드리는 경우는 거의 없다. 그러나 최근 세비야 대성당을 포함한 일부 지역 성당에서는 미사를 드릴 수 있다고 한다.

나눠서 걷는 카미노

30~40대, 한창 열심히 일할 나이에 한 달이 넘는 시간을 내어 산티아고 순례를 떠날 수 있는 사람은 그리 많지 않을 것이다. 그렇다고 자신의 일상을 버리고 떠날 수도 없는 법. 그래서 여러 번에 걸쳐 걷는 순례를 생각해 볼 수도 있다.

첫 번째 해

생장피드포르 → 론세스바예스 → 라라소아냐 → 팜플로나 → 우테르가 → 로르카 → 비야마요르 데 몬하르딘 → 비아나 → 나바레테 → 아소프라 → 그라뇽 → 비얌비스티아 → 아타푸에르카 → 부르고스

(론세스바예스나 팜플로나에서 카미노를 시작하는 사람들도 많다.)

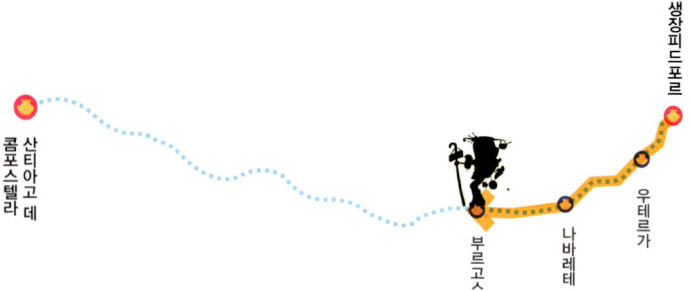

두 번째 해

부르고스 → 오르니요스 델 카미노 → 카스트로헤리스 → 프로미스타 → 칼사디야 데 라 쿠에사 → 사아군 → 렐리에고스 → 레온

세 번째 해

레온 → 비야르 데 마사리페 → 아스토르가 → 라바날 델 카미노 → 몰리나세카 → 비야프랑카 델 비에르소 → 오세브레이로 → 트리아카스텔라 → 사리아 → 벤타스 데 나론 → 멜리데 → 페드로우소 → 산티아고 데 콤포스텔라

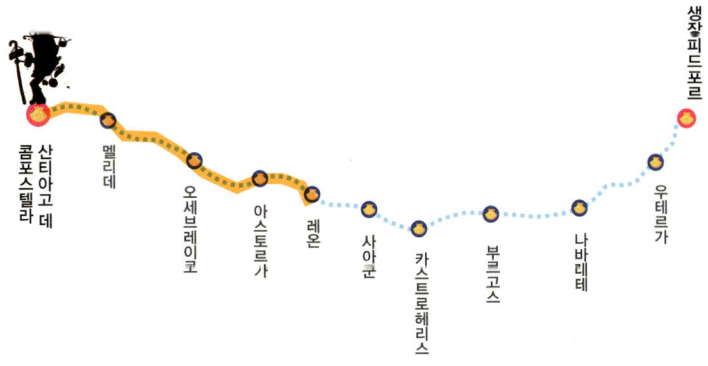

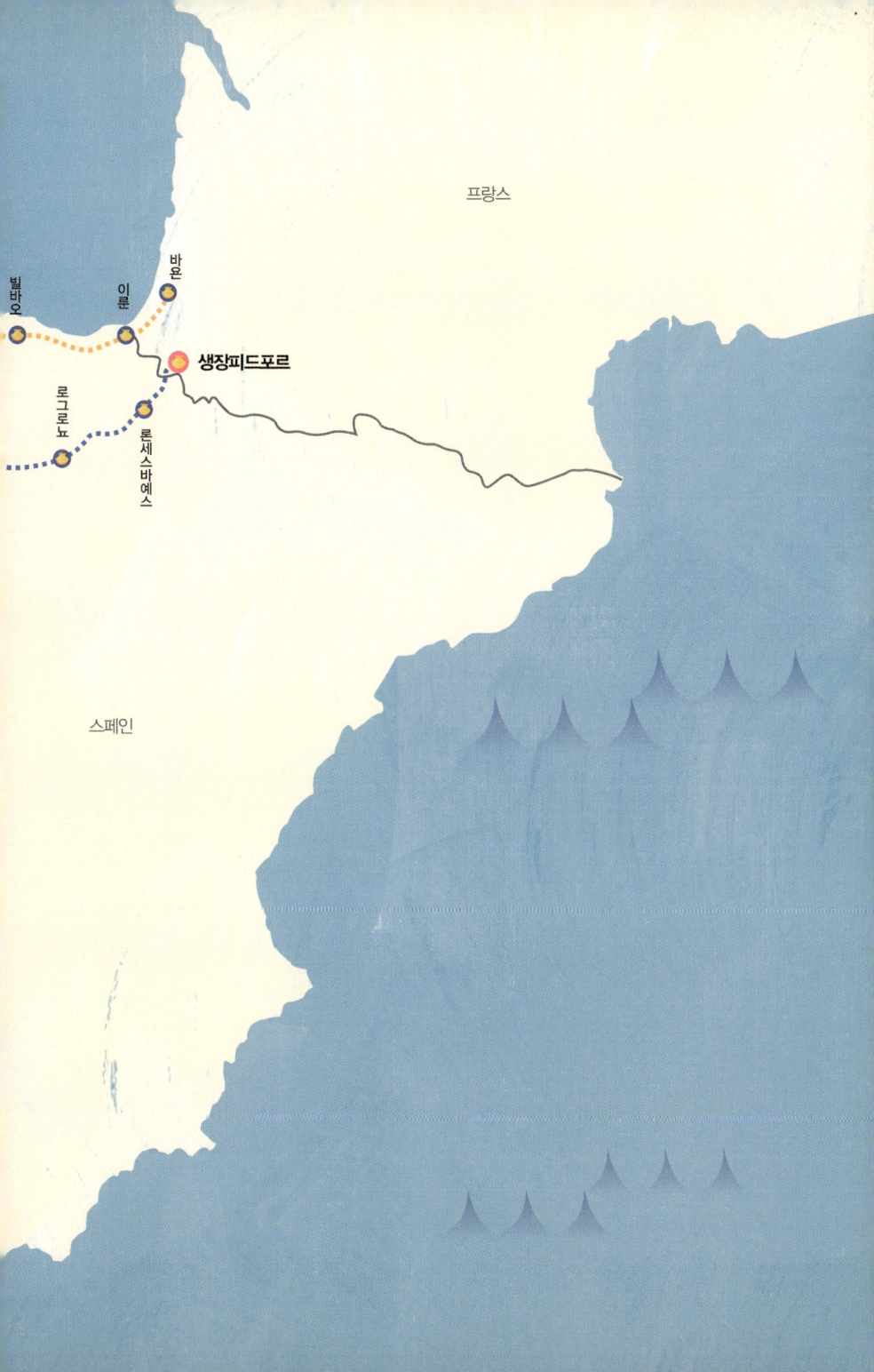